»Auch auf Erd ist Gott mein Himmel«

»Auch auf Erd ist Gott mein Himmel«

Pater Philipp Jeningen SJ Missionar und Mystiker

Leben und Briefe

Zum 300. Todestag
herausgegeben von
Julius Oswald SJ

Schwabenverlag

www.schwabenverlag.de

Gestaltung: Finken & Bumiller, Stuttgart
Umschlagmotiv: Pater Philipp Jeningen,
Portrait im Diözesanmuseum Eichstätt,
Inventar-Nr. HVE 17,
datiert 1763, Öl auf Leinwand
Herstellung: Clausen & Bosse, Leck
Printed in Germany

ISBN 3-7966-1158-3

Inhalt

Grußwort

Bischof Dr. Gebhard Fürst ... 7

Grußwort

Provinzial Bernd Franke SJ ... 9

Vorwort

Pfarrer Patriz Hauser ... 11

Pater Philipp Jeningen SJ – Missionar und Mystiker

Julius Oswald SJ ... 13

Geistliche Briefe P. Philipp Jeningens SJ

Anton Höss SJ (†) ... 37

Aufenthalts- und Wirkungsorte im Bild

Andreas Schaller ... 81

P. Philipp Jeningen SJ – Verehrung nach dem Tod

Hans Pfeifer ... 97

Literaturverzeichnis

Julius Oswald SJ ... 105

Grußwort

Vor 25 Jahren empfing ich die Priesterweihe in der Basilika zu Ellwangen – in unmittelbarer Nähe der Grabstätte von Pater Philipp Jeningen SJ. Seitdem weiß ich mich diesem Seelsorger, Volksmissionar und Mystiker verbunden und erinnere mich immer wieder seines beispielhaften Lebens und Wirkens. Ich teile den Wunsch nach seiner baldigen Seligsprechung mit vielen in Ellwangen und weit darüber hinaus, aber auch mit seinen Mitbrüdern in der Gesellschaft Jesu.

Philipp Jeningen, geboren im Jahre 1642 in Eichstätt, trat nach seiner Schulzeit in den Jesuitenorden ein. Schon früh erwachte in ihm der Wunsch, wie Franz Xaver Missionar in Indien zu werden. Sein großes Lebensziel war die Weltmission. Jahr für Jahr wandte er sich mit einem Gesuch an den Ordensgeneral, um ihm den Herzenswunsch seines Ordenslebens vorzutragen. Im Jahre 1680 wurde er überraschend nach Ellwangen versetzt und dort mit der Wallfahrtsseelsorge auf dem Schönenberg beauftragt. Seiner Initiative ist der Bau der großartigen barocken Wallfahrtskirche zu verdanken.

Doch die Bauarbeiten waren noch nicht abgeschlossen, als ein neuer Hauptseelsorger auf dem Schönenberg ernannt wurde. Pater Philipp wurde frei für die Mission in der Umgebung Ellwangens. Sein Lebenswunsch ging in Erfüllung, aber ganz anders, als er sich das früher einmal erträumt und erwartet hatte. Nicht umsonst beginnt seine Grabinschrift mit den Worten: »ein im Ellwanger Bezirk und weit in der ganzen Umgebung in vier Bistümern unermüdlicher Missionar«. Er zog von Dorf zu Dorf. Alle Reisen machte er zu Fuß. Die Pausen zwischen den Missionsreisen verbrachte er in Ellwangen und beteiligte sich an der Seelsorge in der Stadt und auf dem Schönenberg. Sein missionarischer Eifer hatte seine Kräfte aufgezehrt, als er am 8. Februar 1704 starb.

»Der gute Pater Philipp« (wie ihn die Ellwanger in herzlicher Zuneigung nach wie vor nennen) hat nichts von seiner Anziehungskraft verloren. Sein Name und das Geheimnis seines Lebens gerieten nicht in Vergessenheit. Die Leidenschaft für Gott und die Sorge für die Menschen beherrschten ihn.

Die Diözese Rottenburg-Stuttgart beging 2003 ihr 175-jähriges Bestehen. In diesem Jubiläumsjahr gedachten wir immer wieder einer so profilierten Glaubensgestalt wie Pater Philipp Jeningen. Das Motto des Jubiläums könnte auch das Leitwort seines Lebens sein: »Gott und den Menschen nahe«.

Dr. Gebhard Fürst
Bischof von Rottenburg-Stuttgart

Grußwort

Gemessen an den Biografien eines Ignatius von Loyola, Franz Xaver oder Petrus Canisius nimmt sich das Leben und Wirken von Pater Philipp Jeningen auf den ersten Blick eher unscheinbar, bescheiden aus. Er war wohl, wie so viele seiner Mitbrüder zur damaligen Zeit, zutiefst vom Gedanken der Mission fasziniert. Sein großes Vorbild war der heilige Franz Xaver, dem er sich in besonderer Weise verbunden fühlte. Wir wissen allerdings, dass der Wunsch von Pater Jeningen, den Spuren des Heiligen zu folgen, unerfüllt blieb.

Nicht Indien, sondern das schwäbische Ellwangen wurde für ihn zum Zentrum seines missionarischen Wirkens, von 1680 bis zu seinem Tod am 8. Februar 1704.

In diese Zeit fällt der Neubau der Wallfahrtskirche auf dem Schönenberg (1682–1685) als sichtbares Zeichen seines Einsatzes. Wie intensiv dieses Wirken tatsächlich gewesen sein muss, wird deutlich, wenn man die Verehrung spürt, die Pater Jeningen bis auf den heutigen Tag entgegengebracht wird. Nicht nur für die Ellwanger war und ist er »der gute Pater Philipp«, geschätzt wegen seiner Frömmigkeit und Hilfsbereitschaft. Über 1000 Orte in den Diözesen Augsburg, Rottenburg-Stuttgart, Eichstätt, Konstanz und Würzburg soll er im Laufe dieser Jahre besucht und sich für die Menschen dort eingesetzt haben. Ein Wallfahrtsseelsorger und Volksmissionar im besten Sinn des Wortes.

Wenn wir uns heute fragen, was das spezifisch »Jesuitische« an seiner Persönlichkeit gewesen ist, dann ist es wohl der Enthusiasmus, die Entschiedenheit seines Einsatzes, obwohl oder vielleicht gerade, weil die ihm zugewiesene Aufgabe nicht dem entsprochen haben mag, was er selbst als Sendung für sich erbeten hatte. Diese Selbstlosigkeit und das Zurückstellen aller persönlichen Ambitionen ist etwas, was im modernen Spachgebrauch mit Echtheit oder Authentizität umschrieben wird. Für Pater Jeningen und uns Jesuiten bedeutet dies viel schlichter und doch zugleich unvergleichlich mehr: Nachfolge Christi. Er überzeugte die Menschen durch seine Ausstrahlung und seinen vorbildlichen Lebenswandel. Zahllose Beispiele gelebter Nachfolge machen uns darauf aufmerksam, wie sehr auch das Wirken im scheinbar Kleinen und Unspektakulären reiche und wertvolle Frucht tragen kann. In diesem Sinne ist Pater Jeningen ein Glaubenszeuge, der sich vorzüglich in der Reihe der selig und heilig gesprochenen Jesuiten ausmachen würde. Nicht nur die Menschen in Ellwangen und Umgebung würden sich über seine Seligsprechung aufrichtig freuen.

BERND FRANKE SJ
Provinzial

Vorwort

Die Verehrung, die Philipp Jeningen seit seinem Tod vor 300 Jahren zuteil wird, ist ein Zeichen, dass die Gläubigen ihn liebten und lieben. In den 24 Jahren, die der Jesuitenpater in Ellwangen und im Ellwanger Umland hauptsächlich als Volksmissionar wirkte, hat der Unermüdliche sehr viel für die Menschen und die Kirchengemeinden geleistet. Sein Grab in der Liebfrauenkapelle der Basilika wird täglich von Betern aufgesucht. Viele kommen in die Kirche, auch während der Gottesdienste, und gehen sofort zum Grab Philipp Jeningens. Er gilt als großer Helfer in verschiedenen Nöten, wie schon zu seinen Lebzeiten. Gleich nach seinem Tod kamen die Menschen zu seinem Grab, das sich seit der Umbettung 1953 im Boden der Liebfrauenkapelle befindet. »Ich gehe zum Pater Philipp« oder der Wunsch an andere »geh auch zum Pater Philipp« ist in Ellwangen und darüber hinaus bekannt und jeder weiß, was damit gemeint ist. Das Epitaph am ursprünglichen Grab ist geradezu eine Kurzbiographie und eine Laudatio auf das segensreiche Wirken Pater Philipps.

Philipp Jeningens Wunsch war es, wie andere Jesuiten-Missionare nach Indien zu gehen, obwohl ihm das von der Ordensleitung trotz seiner demütigen Bittbriefe nie erlaubt wurde. Die Gründe waren, man brauche ihn in Ellwangen, er sei nicht gesund genug, er sei zu alt. Diese Antworten machten den »Diener Gottes« nicht verbittert. Schließlich sagte er: »Ellwangen ist mein Indien geworden.«

Beeindruckend ist, wie sehr er darauf bedacht war, in seinem kargen Lebensstil dem armen Jesus nachzufolgen. Vorbilder waren ihm dabei Paulus, Ignatius von Loyola, Franz Xaver und andere Ordensbrüder. Schließlich wollte er in seiner Armut freiwillig Gleiches tun, was vor allem den Menschen auf den Dörfern aufgebürdet war. Er wollte die Botschaft Jesu und der Heiligen nicht nur predigen, sondern konsequent leben. Manche verstanden ihn in seiner Frömmigkeit nicht und nannten ihn einen »Narren«. Er ließ sich dadurch nicht beirren und war bereit, Verleumdungen und Unverständnisse als sein Kreuz anzunehmen und dem gekreuzigten Jesus nachzutragen. In seinem Leben verehrte er besonders Maria, die Heiligen und die Engel; in ihrer Gemeinschaft fühlte er sich daheim.

Vieles erinnert, vor allem in Ellwangen, an den »guten Pater Philipp«. Sein Name steht im Kalendarium der Diözese Rottenburg-Stuttgart unter dem 8. Februar. In der Litanei zu den »Heiligen unserer Heimat« heißt die Anrufung: »Guter Pater Philipp Jeningen von Ellwangen, geisterfüllter Mystiker und Volksmissionar. Bitte für uns.« Seit Rom ihm den »heroischen Tugendgrad« (1988) zuerkannt hat, nennen ihn viele im Kanon der heiligen Messe unter den Heiligen; auch in der Allerheiligen-Litanei – zumindest in Ellwangen – wird er angerufen. Sein Tauftag und sein Todestag sind besondere Gedenktage für uns. Seit über zwanzig Jahren machen die Kirchengemeinden des Dekanats Ellwangen im Herbst ihre Marienwallfahrt zum Grab des »Marienpaters«. Wöchentlich ist am Mittwochmorgen heilige Messe in der Liebfrauenkapelle. Es gibt eigens ein Philipp-Jeningen-Lied, das in Ellwangen entstanden ist und gern gesungen wird. Bronze-Reliefs, von Sieger Köder gestaltet, zeigen ihn in Ellwangen und seiner Heimatstadt Eichstätt. Die Stadt Ellwangen hat ihm einen Philipp-Jeningen-Platz gewidmet. Bildtafeln, Gebetsbildchen und Medaillen erinnern die Wallfahrer an ihn. Die Philipp-Jeningen-Glocke, nach dem Zweiten Weltkrieg gegossen, trägt seinen Namen und den Namen Mariens. Auch in der Michaelskapelle ist im Altar mit Bildern der Stiftsheiligen eine kleine Nische freigelassen; sie ist für Philipp Jeningen gedacht, wenn er eines Tages selig gesprochen wird. Neuere Bilder, von Sieger Köder mehrfarbig gemalt, sollen die Erinnerung heute lebendig halten.

Die Ellwanger und viele Wallfahrer von auswärts sind dankbar, dass es das Grab des »guten Pater Philipp« gibt; es ist eine besondere geistliche Kostbarkeit und ein Segen für unsere Heimat. Dafür sind wir dankbar.

PFARRER PATRIZ HAUSER

Pater Philipp Jeningen SJ – Missionar und Mystiker

Julius Oswald SJ

Elternhaus und Jugend

In Ellwangen und Umgebung kennt man den »guten Pater Philipp« und verehrt ihn wie einen Heiligen. Viele besuchen sein Grab in der Liebfrauenkapelle der Basilika, um ihr Herz bei ihm auszuschütten und ihn in allen Anliegen und Nöten um seine Fürsprache bei Gott zu bitten. Vor Klassenarbeiten und Prüfungen wenden sich Schüler und Studenten an den erfahrenen Lehrer, um sich seines Beistandes zu versichern. Sie vertrauen auf die Fürbitte des Jesuiten Philipp Jeningen, der vom Mai 1680 bis zu seinem Tod am 8. Februar 1704 als Wallfahrtsseelsorger auf dem Schönenberg sowie als Volksmissionar in der Fürstpropstei Ellwangen und den angrenzenden vier Bistümern seelsorgerisch tätig war. Durch seinen unermüdlichen, selbstlosen Einsatz gewann der bescheidene Ordensmann die Herzen von Jung und Alt. Sein segensreiches Wirken war getragen von einer großen persönlichen Zuneigung zu den Bewohnern der Stadt, die er einmal mit den Worten ausdrückte: »Mehr kann ich nicht als mein Leben für meine lieben Ellwanger hingeben.«[1]

Dabei stammte der beliebte Jesuitenpater aus Eichstätt, wo er am 5. Januar 1642 in der Dompfarrei auf den Namen Johann Philipp getauft wurde. Er war das vierte Kind des Goldschmieds Nikolaus Jeningen und seiner Frau Anna Maria, verwitwete König. Ihm folgten noch sieben Geschwister. Die große Familie hatte unter dem Dreißigjährigen Krieg, der in Eichstätt erst am 7. Juli 1650 beendet wurde, schwer zu leiden und lebte sehr bescheiden. Denn der Vater, der zeitweise auch Bürgermeister war, konnte den Lebensunterhalt nur mit Mühe verdienen und hatte zeitlebens Schulden.

Um seinem ältesten Sohn eine gute Ausbildung zu ermöglichen, schickte er ihn im Herbst 1651 auf das nahe gelegene Jesuitengymnasium bei der Schutzengelkirche. Unter den 93 Schülern, die sich damals auf sieben Klassen verteilten, gehörte Philipp Jeningen wohl zu den stillen und unauffälligen. Denn auf den vielen, noch erhaltenen Theater-

1 Anton HÖSS (Hrsg.), Die Tagebücher P. Philipp Jeningens S.J., Ellwangen 1952, 56.

programmen wird sein Name nie unter den Spielern genannt. Hingegen engagierte er sich in der Marianischen Kongregation, in die er nach bestandener Probezeit am 15. August 1654 aufgenommen wurde. Diese Marienbruderschaft, die aufgrund der ordenseigenen Studienordnung in jedem Jesuitenkolleg errichtet wurde, bemühte sich unter dem Schutz der Muttergottes um die religiöse und sittliche Formung ihrer Mitglieder, der Sodalen. Da Jeningen zweimal in den Magistrat der Kongregation gewählt wurde, dürfte er ein vorbildlicher Sodale gewesen sein, der religiös lebte und die Gottesmutter innig verehrte. Deshalb ist es nicht erstaunlich, dass er schon als Vierzehnjähriger Jesuit werden wollte. Nach Abschluss des Gymnasiums waren die Eltern jedoch nicht bereit, seinen Herzenswunsch zu erfüllen.

Statt ins Noviziat der Gesellschaft Jesu ging Philipp Jeningen deshalb 1659 nach Ingolstadt, um an der dortigen Universität Philosophie zu studieren. Auch hier schloss er sich sofort der Marianischen Kongregation an und war weiterhin fest entschlossen, in den Jesuitenorden einzutreten. Darin bestärkte ihn auch sein Beichtvater, der Jesuit Peter Braier. Unermüdlich wandte sich Jeningen in diesem Anliegen an Gott, der seine Bitten jedoch nicht zu erhören schien. Denn zwei Jahre später, als er sein Philosophiestudium mit dem Magistergrad abschloss, weigerten sich die Eltern noch immer, seinem Ordenseintritt zuzustimmen. Deshalb blieb er in Ingolstadt und begann Theologie zu studieren. Erst im folgenden Jahr bewog eine schwere Krankheit den Vater, ihm den Eintritt in die Gesellschaft Jesu zu erlauben. Die Mutter war weiterhin strikt dagegen. Diesen Sinneswandel des Vaters und seine daraufhin erfolgte rasche Genesung empfand Philipp Jeningen noch Jahre später als besondere Fügung und große Gnade Gottes[2], die ihm zuteil geworden war.

Noviziat und Ausbildung im Jesuitenorden

Am 16. Januar 1663 verließ Jeningen seine Heimatstadt und machte sich auf den Weg nach Landsberg am Lech, um in die Gesellschaft Jesu einzutreten. Dort erwarteten ihn etwa fünfzig Novizen, die in armen Verhältnissen lebten. Sie arbeiteten im Haus und im Garten und hielten an

2 Vgl. dazu den Brief an General Paul Oliva, vom 15. Oktober 1669.

Sonntagen in den umliegenden Ortschaften Christenlehre. Der Novizenmeister Leonhard Weinhart führte sie in das Ordensleben und in die Spiritualität der Jesuiten ein.

Im Mittelpunkt standen dabei die geistlichen Übungen, vor allem die dreißigtägigen Exerzitien des Ordensgründers Ignatius von Loyola, die jeder Novize unter der Leitung des Novizenmeisters als Einzelexerzitien machte. Stilles Gebet und aufmerksame Betrachtung des Lebens Jesu lenkten dabei den Blick auf den Sohn Gottes, der, dem Willen des Vaters gehorsam, Mensch wurde und den Weg zum Kreuz ging, um die Menschen zu erlösen und sie in die Gemeinschaft mit Gott heimzuholen. Auf diese Weise sollten die jungen Ordensleute Jesus immer besser kennen lernen und bereit sein, ihm aus Liebe nachzufolgen. Allmählich sollten sie immer mehr in die Lebens- und Dienstgemeinschaft mit Jesus hineinwachsen, der sie dazu befähigte, den Willen Gottes für den eigenen Lebensweg zu erkennen und bereitwillig anzunehmen. Diese tiefe, persönliche Verbundenheit mit Jesus sollte in den Exerzitien und im Noviziat eingeübt werden und das weitere Leben jedes Jesuiten bestimmen.

Um ständig in dieser Verbundenheit mit dem Sohn Gottes zu bleiben, bat Philipp Jeningen seine Ordensoberen später um die Erlaubnis, jedes Jahr dreimal achttägige Exerzitien machen zu dürfen. Dabei kehrte er häufig ins Noviziat nach Landsberg zurück. Aus seinen Aufzeichnungen wissen wir, dass er vor allem durch Demut und Gehorsam Jesus ähnlich werden wollte, der sich als Sohn Gottes erniedrigte und gehorsam war bis zum Tod am Kreuz. Als dessen Gefährte beherzigte Jeningen auch sein Wort: »Wer mein Jünger sein will, der verleugne sich selbst, nehme sein Kreuz auf sich und folge mir nach« (Mk 8,34). Wie Jesus aus Liebe den Willen seines Vaters erfüllte, wollte auch Jeningen nicht widerwillig und aus Zwang gehorchen, sondern freudig und aus Liebe. Was Gehorsam für ihn persönlich bedeutete, drückte er einmal mit den Worten aus: »Wer liebt, dem ist es eigen, mehr auf den Wink des Geliebten zu achten, als auf seinen Befehl zu warten.«[3]

Bereits vor dem Abschluss der zwei Noviziatsjahre verließ Jeningen Landsberg, um als Lehrer am Jesuitengymnasium in Mindelheim die unteren Klassen zu unterrichten. Am 20. Januar 1665, dem Fest der heiligen Fabian und Sebastian, legte er dort die ersten Ordensgelübde ab.

3 HÖSS (Hrsg.), Die Tagebücher (wie Anm. 1), 11.

Schon im Herbst wurde er nach Dillingen versetzt und ein Jahr später als Lehrer der Grammatik nach Ingolstadt. Neben seiner Lehrtätigkeit bereitete er sich auf das Examen in Philosophie vor, das er ablegen musste, um in der Gesellschaft Jesu zum Studium der Theologie zugelassen zu werden. Diese Vorschrift galt für alle, die schon vor ihrem Eintritt in den Jesuitenorden Philosophie studiert hatten. Zudem betreute Jeningen in Ingolstadt, obwohl er noch nicht Priester war, als geistlicher Begleiter eine Gruppe von Studenten des Colloquium Marianum, der von Jakob Rem 1595 gegründeten Elite der Marianischen Kongregation. Um dieser Aufgabe gerecht zu werden, musste er selbst von einer tiefen Marienfrömmigkeit durchdrungen sein.

Theologiestudium und Missionswunsch

Im Herbst 1668 begann er in Ingolstadt erneut Theologie zu studieren. Zu seinen Professoren gehörten die beiden Jesuiten Johann Baptist Erhardt und Beat Amrhyn, die ihn während seines Studiums mehrfach dazu bestimmten, bei den damals üblichen Repetitionen ihre Thesen in der scholastischen Theologie zu verteidigen. Demnach scheint Jeningen zu den begabteren Studenten gehört zu haben, obwohl er nie bei öffentlichen Disputationen aufgetreten ist. Diese Ehre blieb wenigen Auserwählten vorbehalten, die als künftige Professoren geschult werden sollten.

Um sich auf ihre spätere seelsorgerische Tätigkeit vorzubereiten, hielten die jungen Jesuiten vor den eigenen Mitbrüdern Übungspredigten und in den umliegenden Gemeinden Religionsunterricht. Philipp Jeningen wurde beispielsweise im zweiten Jahr seines Theologiestudiums beauftragt, in Kösching bei Ingolstadt den Katechismus zu unterrichten.

Am 15. Oktober 1669 schrieb er seinen ersten Brief an Ordensgeneral Paul Oliva und bat ihn, als Missionar nach Indien entsandt zu werden. Seinen Wunsch begründete er mit der besonderen Gnade Gottes, der ihm nach langjährigem Warten den Eintritt in die Gesellschaft Jesu ermöglicht habe. Um dessen Willen zu erfüllen, fühle er sich nun schon seit sechs Jahren dazu gedrängt, in einem fernen Land zu missionieren. In diesem Anliegen wandten sich damals viele Jesuiten an den General in Rom. Vor allem in den deutschen Jesuitenkollegien herrschte eine große Missionsbegeisterung, seit Franz Xaver, Matteo Ricci, Adam Schall von Bell, Johann Grueber und Heinrich Roth über ihre Erfahrungen und Tätigkeiten in Indien, Japan und China berichteten und ihre Briefe von Hand zu Hand gingen. Wie viele andere musste General Oliva auch Jeningen auf einen späteren Zeitpunkt vertrösten, weil er im Augenblick keine Möglichkeit sehe, seinen Wunsch zu erfüllen. Gleichzeitig ermunterte er ihn, seine missionarische Gesinnung zu bewahren und fortzufahren, sich mit Tugenden auszurüsten, die einer so hohen Aufgabe entsprechen.

Um dieser Erwartung gerecht zu werden, begann Jeningen offensichtlich ein so strenges asketisches Leben zu führen, dass er im folgenden Jahr schwer erkrankte. Während er selbst mit dem Tode rang, begannen seine Mitbrüder für ihn zu beten und wollten ihm die Sterbesakramente reichen. Daraufhin sei ihm der heilige Franz Xaver erschienen und habe ihm die Gesundheit wieder geschenkt. Als Dank dafür scheint Jeningen mit besonderer Erlaubnis seines Beichtvaters ein in der Gesellschaft Jesu nicht übliches Privatgelübde abgelegt zu haben, dem Beispiel des großen Jesuitenmissionars zu folgen und in Asien die christliche Botschaft zu verkünden. Daran fühlte er sich zeitlebens gebunden. Die wunderbare Genesung war für ihn zudem eine außergewöhnliche Bestätigung seiner Berufung zum Missionar. Deshalb berichtete er darüber General Oliva in seinem Brief vom 19. April 1671 und bat ihn erneut, in außereuropäischen Ländern missionieren zu dürfen.

Diese Begegnung mit Franz Xaver, dem Mitbegründer der Gesellschaft Jesu, hat Jeningen so tief beeindruckt, dass er mehr als dreißig Jahre später in einem Brief an seinen Beichtvater nochmals darauf zu sprechen kam und bis zu seinem Lebensende nicht müde wurde, seine Ordensoberen darum zu bitten, als Missionar in »das Land Franz Xavers« gehen zu dürfen. Sein Herzenswunsch wurde jedoch nie erfüllt, obwohl er in diesem Anliegen zwanzig Briefe nach Rom sandte und sogar seine Schüler dazu anhielt, seine Entsendung in die Mission von Gott zu erbitten. Als er im Sommer 1677 von General Oliva für die Mission in Brasilien bestimmt wurde, schien sein Ziel zum Greifen nahe. Doch die Ausreise kam nicht zustande. Am 15. August 1701 sandte Jeningen als Sechzigjähriger den letzten seiner heute bekannten Bittbriefe nach Rom. Der Wunsch und das Gelübde, dem Beispiel Franz Xavers zu folgen, bestimmten sein Ordensleben und begleiteten ihn bis zur Schwelle des Todes.

Obwohl seine Bitten unerfüllt blieben, finden sich in Jeningens Briefen keinerlei Kritik an seinen Vorgesetzten und keine Spur von Unzufriedenheit mit der Arbeit, die ihm übertragen wurde. Verständnisvoll und geduldig antworteten auch die Generäle in Rom dem beharrlichen und unermüdlichen Bittsteller, dessen selbstlose Einsatzbereitschaft sie lobend hervorheben. Denn Jeningen wollte nicht den Härten des Lebens ausweichen und in exotische Länder fliehen, sondern kannte die Gefahren und Mühen, die damals allein schon mit der Reise in die Missionsgebiete verbunden waren.

Zwei seiner Professoren, die Patres Beat Amrhyn und Adam Aigenler, wurden nämlich aufgrund ihrer mathematischen und astronomischen Kenntnisse nach China entsandt. Im Dezember 1671 reisten sie ab und traten zwei Jahre später in Lissabon mit einem Segelschiff die gefährliche Reise nach Asien an. Wie viele andere Missionare waren auch die beiden Ingolstädter Professoren den Strapazen der Reise nicht gewachsen und starben bei der Pflege der Kranken auf dem Schiff, bevor sie das Kap der Guten Hoffnung umfahren hatten. Jeningen kannte die beiden Patres persönlich und war nach ihrem Tod bereit, ihr Schicksal zu teilen, um sein Gelübde zu erfüllen, den Spuren des heiligen Franz Xaver zu folgen und für Christus noch mehr tun, als ihm dies in der Heimat möglich war. Deshalb stand auch sein Wunsch, in die Mission zu gehen, seinem Wirken in Deutschland nicht entgegen, sondern war ein deutlicher Ausdruck seines rastlosen Eifers und der ständigen Bereitschaft, sich vorbehaltlos in den Dienst Jesu Christi zu stellen.

Warum die Ordensoberen den Herzenswunsch Jeningens nicht erfüllten, ist aus heutiger Sicht schwer zu beurteilen. Als Vorgesetzte waren sie selbstverständlich für ihre Mitbrüder verantwortlich und bemühten sich deshalb, für die anstrengende und gefährliche Missionstätigkeit aus der großen Zahl der Bewerber die belastbarsten und tüchtigsten auszusuchen. Da Jeningen gesundheitlich ziemlich schwach war, zögerten sie wohl, ihm diese Anstrengungen zuzumuten. Obwohl ihn Franz Xaver auf wunderbare Weise geheilt hatte, könnte gerade diese schwere Krankheit ein Grund gewesen sein, seine inständigen Bitten nicht zu erfüllen.

Abschluss der Ordensausbildung und Lehrtätigkeit

Ende Februar 1672 bestand Philipp Jeningen das Schlussexamen in Philosophie und Theologie und beendete damit sein Studium. Am 11. Juni wurde er im Dom seiner Heimatstadt vom Eichstätter Weihbischof Wilhelm Ludwig Brenz zum Priester geweiht. Schon am folgenden Tag, dem Fest der Heiligsten Dreifaltigkeit, feierte er in Ingolstadt seine erste heilige Messe.

Um jedoch seine Ausbildung innerhalb der Gesellschaft Jesu abzuschließen, musste er noch das so genannte dritte Probejahr, das Tertiat, machen. Wie schon im Noviziat standen auch hier neben dem Studium der Ordenssatzungen die dreißigtägigen Exerzitien im Mittelpunkt. Sie sollten jedoch nicht nur die persönliche Verbundenheit der jungen Patres mit Jesus Christus erneuern und vertiefen, sondern sie auch dazu befähigen, die in den Studien erworbenen Kenntnisse und Einsichten in ihr religiöses Leben zu integrieren. Als Jesuiten sollten sie in eine Lebens- und Dienstgemeinschaft mit Jesus hineinwachsen, die ihre künftige apostolische Tätigkeit bestimmten.

Im Herbst 1672 ging Jeningen nach Altötting, um unter der Leitung von Servilianus Veihelin sein drittes Probejahr zu machen. Der bewährte und erfahrene Jesuitenpater stammte, wie sein Vorname verrät, aus Ellwangen und hatte als Professor in Ingolstadt Philosophie und Moraltheologie doziert. Danach leitete er jeweils zwei Amtsperioden als Provinzial die süddeutsche Jesuitenprovinz und als Rektor die Kollegien in München und Ingolstadt. Neben ihrer spirituellen Ausbildung sollten die jungen Jesuiten auch pastorale Erfahrungen sammeln und sich auf ihre seelsorgerische Tätigkeit vorbereiten. Altötting, der bedeutendste Marienwallfahrtsort in Bayern und einer der größten in Süddeutschland, bot dazu die besten Voraussetzungen. Da die seit 1489 bestehende Wallfahrt durch die Reformation fast zum Erliegen gekommen war, bat Herzog Wilhelm V. die Jesuiten, dort eine Niederlassung zu gründen und die Pilger zu betreuen. Ihnen gelang es, die Wallfahrt so zu beleben, dass sie mit Unterstützung des Herzogs später ein Jesuitenkolleg errichten konnten, in dem die jungen Jesuiten ihr drittes Probejahr machten. Zu ihren Aufgaben gehörte es, die Pilger zu empfangen, Messen zu zelebrieren und zu predigen, die Beichte zu hören und Glaubensunterricht zu halten. Dabei hatten sie alle Hände voll zu tun, denn an diesem berühmten Marienwallfahrtsort, den man damals das deutsche Loreto nannte, wurden im Jahr durchschnittlich 70.000 bis 80.000 Beichten abgelegt.

Nach Abschluss des dritten Probejahres ging Philipp Jeningen als Lehrer an das Jesuitengymnasium in Mindelheim. Von dort wurde er zwei Jahre später an das Kolleg in Dillingen versetzt. Auf eigenen Wunsch übernahm er jeweils die unteren Klassen, damit seine Schüler ihm die Entsendung in die Mission von Gott erbitten.[4] Als Klassenlehrer musste er alle Fächer – Latein, Griechisch und Religion – lehren und an Werktagen fünf volle Stunden unterrichten. Ab der zweiten Klasse war Latein die Unterrichtssprache. In Dillingen, wo er am 2. Februar 1677, dem Fest Mariä Lichtmess, die vier Professgelübde ablegte und damit endgültig in den Jesuitenorden aufgenommen wurde, gehörten zu seiner Klasse 35 Schüler.

Neben seiner Tätigkeit in der Schule betreute er die Laienbrüder des Jesuitenkollegs, denen er geistliche Vorträge hielt und täglich Anregungen für die Meditation gab. Soweit seine Verpflichtungen im Kolleg es erlaubten, hielt er in der Studienkirche und später auch in der Pfarrkirche Katechismusunterricht. Aus Liebe zur Gottesmutter nahm er sich besonders der kleinen Marienkirche im nahe gelegenen Echenbrunn an, wo die Jesuiten ein Landhaus besaßen, in dem sie ihre freien Tage verbrachten und Ferien machten. Jeningen besuchte häufig die kleine Gemeinde, um die heilige Messe zu feiern, zu predigen und Beichte zu hören. Er sorgte auch dafür, dass zu Ehren der Muttergottes ein Altar errichtet wurde und die alte Marienstatue ein schönes, neues Kleid bekam, das er ihr selbst anzog.

Große Anliegen

Ende Mai 1680 wurde Philipp Jeningen nach Ellwangen versetzt, um in der Marienkapelle auf dem Schönenberg jeden Tag die heilige Messe zu zelebrieren, Beichte zu hören und die Wallfahrer zu betreuen. Darüber

4 Vgl. dazu den Brief an General Paul Oliva, vom 24. Dezember 1676.

hinaus war er Beichtvater der Schüler des Gymnasiums und der sechs Jesuiten, die seit 1658 in Ellwangen eine eigene Niederlassung hatten. Zu seinen Aufgaben gehörte ferner, in der Stiftskirche Beichte zu hören sowie in der Stadt und den umliegenden Gemeinden aushilfsweise seelsorgerische Tätigkeiten zu übernehmen. Mit welcher religiösen Einstellung und asketischen Lebensweise, die man heute fast als masochistisch bezeichnen würde, Jeningen diesen Auftrag erfüllen wollte, zeigt sein Brief vom 24. September 1680, in dem er einen unbekannten Empfänger in folgenden »großen Anliegen« um Gebetshilfe ersuchte.

> *»Bezüglich Gottes und seiner Heiligen: 1. einen großen Schmerz über die Beleidigungen Gottes; 2. Glaube, Hoffnung und Liebe immerdar; 3. einen ständigen Wandel in Gottes Gegenwart; 4. eine besondere Liebe zur seligsten Jungfrau Maria; 5. einen recht trauten Verkehr mit den Engeln und Heiligen.*
> *Bezüglich meiner selbst: 1. dass ich immer danach verlange, verachtet zu werden und zu leiden aus Liebe zu Jesus und Maria und dass ich Märtyrer werde; 2. dass ich immer demütig sei; 3. dass ich niemand gering schätze, noch voreilig beurteile; 4. dass ich aufs genaueste keusch, arm und gehorsam sei; 5. dass ich stark sei an Leib und Seele nach Gottes heiligstem Willen und zum Nutzen des Nächsten.*
> *Bezüglich des Nächsten: 1. die Gnade, dem Nächsten Gott, Jesus und die Gottesmutter ins Herz einzuprägen; 2. Ungläubige und Irrgläubige zu bekehren; 3. die Betrübten zu trösten; 4. durch die seligste Jungfrau Maria die Leiden des Leibes und der Seele zu heilen; 5. wirksam zu predigen und zu sprechen.«*

In diesen Anliegen drückt sich der persönliche Glaube Philipp Jeningens aus, der von den ignatianischen Exerzitien geprägt war und daraus sein Verhältnis zu Gott, zu sich selbst und zu den Mitmenschen gestalten wollte. Mit allen Kräften strebte er danach, dieses Ideal zu verwirklichen. Weil er wusste, dass ihm dies nur durch die Gnade Gottes gelingen kann, bat er um Gebetshilfe.

Im Mittelpunkt seines Lebens stand der dreifaltige Gott, in dessen Gegenwart er leben und mit dem er in Glaube, Hoffnung und Liebe ständig verbunden sein wollte. Deshalb führte er als Priester und Ordensmann ein intensives religiöses Leben und ging täglich zur Beichte, um anschließend die heilige Messe würdig feiern zu können.

Es betrübte ihn, wenn seine Beichtväter ihm die Absolution verweigerten, weil sie in seinen Bekenntnissen keinerlei Schuld entdecken konnten. Mit Erlaubnis seiner Oberen machte Jeningen dreimal im Jahr achttägige Exerzitien und bemühte sich als Jesuit, Gott in allen Dingen zu suchen und zu finden. Dabei begegnete er dem barmherzigen und gütigen Gott und es schmerzte ihn sehr, wenn dieser beleidigt und geschmäht wurde. Weil er Gott ganz nahe sein wollte, suchte er auch die Nähe derer, die ständig in Gottes Gegenwart sind und bei ihm leben dürfen: Maria, die Engel und die Heiligen. Sie hatten ihr Ziel erreicht und waren für ihn Vorbilder, die ihm halfen, selbst dorthin zu gelangen.

Weil Jeningen dem Ruf Jesu gefolgt war, wollte er es nicht besser haben als sein Herr, sondern führte ein asketisches Leben und war bereit, mit ihm den Kreuzweg zu gehen und als Märtyrer zu sterben. Anstoß und Ermutigung dazu erhielt er immer wieder in den Exerzitien, in denen er die Ansprache Jesu[5] meditierte, die er in seinem persönlichen Leben wortgetreu in die Tat umzusetzen versuchte. In dieser Rede sendet Jesus seine Diener und Freunde aus und empfiehlt ihnen, alle Menschen zu ermutigen, nach Armut zu streben und danach zu verlangen, geschmäht und verachtet zu werden, um Demut zu erlangen. Alle anderen Tugenden würden ihnen zuteil, wenn sie statt Reichtum, Armut, statt weltlicher Ehre, Schmähung und Verachtung suchten und nicht hochmütig, sondern demütig seien. Da es einer der sehnlichsten Wünsche Jeningens war, unter das Banner Jesu aufgenommen zu werden, hat er in den Exerzitien sicher die Gottesmutter inständig gebeten, ihm die Gnade zu erwirken, wirklich arm zu sein, geschmäht und verleumdet zu werden, um dadurch Jesus immer besser nachzuahmen. Wie sein Herr wollte auch er gütig und von Herzen demütig sein. Weil er dessen Mahnung beherzigte, nicht zu richten, um selbst nicht gerichtet zu werden, hütete er sich vor unbedachten Urteilen. Seine Ordensgelübde suchte Jeningen aufs genaueste zu erfüllen, weil sie zur Nachfolge Jesu gehören, der arm und ehelos gelebt und gehorsam den Willen seines Vaters erfüllt hat. Wenn er um Stärke an Leib und Seele bat, wünschte er sich körperliche Leistungsfähigkeit und seelische Belastbarkeit für den Dienst am Nächsten und nicht für das eigene Wohlergehen. Ganz im Sinne der Exerzitien überließ er es Gott, ihm Gesundheit oder Krankheit zu schenken.

5 Ignatius ›von Loyola‹: Geistliche Übungen. Übertragung und Erklärung von Adolf Haas, Freiburg/Br. [4]1978, Nr. 146f.

Um diesen Dienst am Nächsten geht es in den folgenden Anliegen. Was für Jeningen selbst das Fundament und die Mitte des Lebens war, das wollte er auch seinen Mitmenschen vermitteln und ihnen die Liebe zu Gott, zu Jesus und zur Gottesmutter tief ins Herz einprägen. Deswegen bemühte er sich, Ungläubige und Irrgläubige zu bekehren, und ersuchte den General in Rom immer wieder, ihn als Missionar in nicht christliche Länder zu senden. Weil er in den Exerzitien erfahren hatte, »dass die Liebe mehr in die Werke als in die Worte gelegt werden muss«[6], bat er Gott um die Gabe, die Betrübten zu trösten sowie die Leiden des Leibes und der Seele durch die Fürsprache der Gottesmutter zu heilen, und erst dann um die Fähigkeit, wirksam zu predigen und zu sprechen. Besonders die letzten drei Bitten lassen die seelsorgerische Erfahrung Jeningens und seine Nächstenliebe erkennen und machen deutlich, warum er in Ellwangen und Umgebung bis heute als gütiger Mensch geachtet wird.

Wallfahrtsseelsorger auf dem Schönenberg

Mit dieser religiösen Einstellung wirkte Jeningen als Seelsorger in Ellwangen und kümmerte sich vor allem um die Wallfahrer, die einzeln und in Gruppen auf den Schönenberg kamen, um die Gottesmutter zu verehren und sie um Hilfe und Schutz zu bitten. Die Wallfahrt bestand schon über vierzig Jahre und war ein hervorragendes Seelsorgezentrum. Sie wurde am Fest Mariä Himmelfahrt 1638 von den beiden Jesuitenpatres Thomas Anreitter und Johann Hefele gegründet, die eine aus Ton gefertigte Kopie des Gnadenbildes der Kirche Notre Dame de Foy in Belgien in einem Tannenbaum aufstellten, um eine Marienwallfahrt nach dem Vorbild in Loreto ins Leben zu rufen. Durch Not und Elend des Dreißigjährigen Krieges und die Förderung der Jesuiten entwickelte sich die Wallfahrt so, dass schon im folgenden Jahr eine Kapelle aus Stein eingeweiht werden konnte, die später durch Nebenkapellen erweitert wurde.

In den Jahresberichten über ihre seelsorgerische Tätigkeit konnten die Ellwanger Jesuiten zahlreiche heilige Messen, die sie gelesen, und Tausende von Beichten, die sie gehört hatten, anführen sowie Heilungen

6 Ignatius ›von Loyola‹: Geistliche Übungen (wie Anm. 5), Nr. 230.

und Gebetserhörungen erwähnen, die auf dem Schönenberg geschehen waren. Da sich dies herumsprach, machten sich immer mehr Menschen auf den Weg, um dort Hilfe und Trost zu finden. Denn die Zeiten waren unsicher. Im Westen galt es, die Pfalz gegen die Franzosen zu verteidigen; im Osten waren die Türken bis Wien vorgedrungen. Viele hatten unter den Folgen der kriegerischen Auseinandersetzungen zu leiden und wandten sich deshalb immer häufiger hilfesuchend an die Gottesmutter.

Darin bestärkte sie Philipp Jeningen und lud sie ein, Maria auf dem Schönenberg zu besuchen, um ihr zu danken und sie in allen Anliegen als Fürsprecherin anzurufen. In seinem Brief an eine Pfarrgemeinde, der wahrscheinlich während der Belagerung Wiens durch die Türken, am 15. August 1583, geschrieben wurde, forderte er die Gläubigen auf, zwischen Maria Himmelfahrt und dem Fest Kreuzerhöhung eine Wallfahrt zu machen und um Abwendung aller Übel zu bitten. Aus dem Brief geht weiter hervor, dass diese Hauptwallfahrtszeit ganz besonders festlich begangen wurde. Deshalb pilgerten gerade in diesen Tagen viele Gläubige einzeln und in Prozessionen zur Gnadenkapelle, um ihre Nöte und Sorgen durch die Fürsprache Marias vor Gott zu tragen. Freude und Dankbarkeit waren groß, als die Bedrohung durch die Türken gebannt war.

Als Beichtvater auf dem Schönenberg lernte Jeningen Not und Elend der Menschen kennen. Denn zu einer Wallfahrt entschlossen sich in der Regel nicht diejenigen, denen alles nach Wunsch gelang, die keine Probleme hatten, glücklich und zufrieden waren, sondern meistens diejenigen, die unter Krankheit und Not litten, keinen Ausweg wussten, Trost und Hilfe brauchten. Ihnen versuchte Jeningen zu helfen und vertraute dabei auf den Beistand der Gottesmutter, die am 3. Februar 1681 zu ihm sagte: »Ich werde dir zeigen, dass ich eine Mutter bin.«[7] Dieses Vertrauen zu Maria wollte er auch den Wallfahrern vermitteln, indem er sie ermutigte, sich in allen Anliegen an die Gottesmutter zu wenden, fest auf ihre mütterliche Liebe zu bauen und sich ganz auf ihre Fürbitte zu verlassen. Dadurch erhielten die Pilger neue Zuversicht und Kraft, um Not und Elend zu überwinden oder es als ihr persönliches Kreuz gläubig anzunehmen.

7 Anton HÖSS (Hrsg.), Die Tagebücher (wie Anm. 1), 18.

Bau der Wallfahrtskirche

Durch das segensreiche Wirken Philipp Jeningens kamen so viele Pilger auf den Schönenberg, dass ihn schon ein Jahr nach dem Beginn seiner Wallfahrtsseelsorge der Jesuitenpater Georg Engel dabei unterstützen musste. Da auch die Gnadenkapelle den gewaltigen Zustrom von Pilgern nicht mehr fassen konnte, musste an den Bau einer neuen Kirche gedacht werden. Wegen der unsicheren Zeiten und leerer Kassen wollten die Räte von Fürstpropst Johann Christoph Adelmann davon jedoch nichts wissen. Jeningen betete und vertraute auf die Fürsprache der Gottesmutter, die ihm am 14. September 1681 auf ungewöhnliche Weise half. Am Ende der dreißigtägigen Wallfahrtszeit auf dem Schönenberg besuchte Jeningen den Fürstpropst auf dem Schloss. Beide sahen, wie über Ellwangen ein Gewitter aufzog und der Blitz ein Haus am Jagsttor in Brand setzte. Weil der Wind das Feuer leicht über die ganze Stadt ausbreiten konnte, empfahl Jeningen dem Fürstpropst, Maria den Bau einer Wallfahrtskirche zu versprechen, um die Katastrophe abzuwenden. Adelmann gelobte es, und das Feuer griff nicht auf die Stadt über. Damit war der Bau einer Marienkirche auf dem Schönenberg beschlossene Sache.

Jeningen war die Seele des ganzen Unternehmens und sorgte dafür, dass dem Versprechen bald Taten folgten. Dabei wandte er allen Fleiß auf, »dass der Schönenberg wirklich schön werde«.[8] Als Architekten wählte man Michael Thumb aus Bezau in Vorarlberg, der einen Bauplatz auf der Hochfläche des Berges aussuchte. Jeningen hatte jedoch den berühmten Wallfahrtsort Loreto an der Adria vor Augen, wo der große Dom über dem heiligen Haus errichtet ist, und bestand darauf, dass die bisherige Gnadenkapelle in den Neubau einbezogen wird. Deshalb sollte die Kirche so an den Abhang des Berges gebaut werden, dass sich an ihren Chor im Osten die Gnadenkapelle anschließt. Auch bei den weiteren Planungen scheint Thumb mit Jeningen eng zusammengearbeitet zu haben, der als erfahrener Seelsorger wusste, worauf es bei einer Wallfahrtskirche ankommt. Dabei entwarf der bekannte Architekt einen Bau, der mit seinem weiten Raum, den seitlichen Kapellen und Emporen diesen Bedürfnissen entsprach.

8 HÖSS (Hrsg.), Die Tagebücher (wie Anm. 1), 13.

Weil sich Thumb häufig außerhalb Ellwangens aufhielt, um andere Baustellen zu besuchen, übernahm auf Wunsch Adelmanns der Jesuitenbruder Heinrich Mayer die Bauleitung. Jeningen hatte ihn im Noviziat in Landsberg kennen gelernt. Da beide im gleichen Haus wohnten, konnten sie miteinander die weitere Ausgestaltung des Gotteshauses besprechen und ihre gemeinsamen Vorstellungen verwirklichen.

Wegen seines rastlosen Einsatzes und seiner großen Tüchtigkeit wurde Philipp Jeningen 1683 als Wallfahrtsseelsorger abgelöst und beauftragt, im Umkreis von Ellwangen Volksmissionen zu halten. Soweit diese Aufgabe und seine sonstigen Verpflichtungen es erlaubten, blieb er aber weiterhin Beichtvater auf dem Schönenberg, der zu seiner Heimat geworden war, wohin er immer wieder zurückkehrte. Dort hielt er sich am liebsten auf und dorthin lenkte er die Menschen, denen er in der Seelsorge begegnete.

Mit dieser Entscheidung der Ordensoberen verlagerte sich der Schwerpunkt der apostolischen Tätigkeiten Jeningens, zu dessen Aufgaben in Ellwangen es von Anfang an gehörte, in der Stadt und den umliegenden Gemeinden aushilfsweise pastorale Tätigkeiten zu übernehmen. Dieser Dienst war dringend erforderlich, weil in der Fürstpropstei nur etwa die Hälfte der Dörfer einen eigenen Pfarrer hatte und die Katholiken in den benachbarten protestantischen Gebieten seelsorgerisch betreut werden mussten. Durch die konfessionellen Auseinandersetzungen waren auch viele Gläubige in den katholischen Gemeinden verunsichert und bedurften der Katechese, um die katholische Lehre zu kennen und in ihrer religiösen Überzeugung ermutigt und gestärkt zu werden. Damit wurde Philipp Jeningen ein weites Arbeitsfeld zugewiesen, das er bis zu seinem Lebensende unermüdlich bearbeiten sollte.

Volksmissionar in vier Bistümern

Auf den ersten Blick verwundert es, auf Jeningens Grabstein zu lesen, er sei »ein im Ellwanger Bezirk und weit in der ganzen Gegend in vier Bistümern unermüdlicher Missionar« gewesen. Auf einer alten Landkarte sieht man jedoch, dass die Fürstpropstei Ellwangen damals zur Diözese Augsburg gehörte. Aber schon Hohenberg und Jagstzell, Dörfer der Propstei, lagen im Bistum Würzburg. Die Diözese Konstanz reichte bis in die Nähe von Schwäbisch Gmünd und östlich der Wörnitz begann das Bistum Eichstätt. Diese vier Diözesen grenzten in dem Gebiet aneinander, in dem Philipp Jeningen apostolisch tätig war. Darüber hinaus kümmerte er sich um die Katholiken in den protestantischen Städten wie Nördlingen und Weißenburg, indem er sie zur Glaubensunterweisung, zum Besuch der heiligen Messe und zum Sakramentenempfang in die benachbarten Dörfer einlud. Aus seinen persönlichen Aufzeichnungen und den Jahresberichten der Ellwanger Jesuiten geht hervor, dass sich die Zahl der Volksmissionen ständig erhöhte und das Einsatzgebiet Jeningens immer größer wurde. Im Jahre 1688 dehnte er sein Wirken auf die Diözesen Konstanz, Eichstätt und Würzburg aus und begann darüber hinaus, während der Missionen den Pfarrern eine Art Geistlicher Übungen zu geben.

Ein Brief vom 14. Oktober 1687 an Ignatius Desiderius von Peutingen, der als Stiftsdekan das apostolische Wirken des Jesuitenpaters persönlich förderte und finanziell unterstützte, vermittelt einen Eindruck, wie eine solche Volksmission zustande kam und aussah. Darin berichtet Jeningen, dass er sich nach seiner Mission in Bühlerzell, wo er über tausend Beichten gehört hatte, zurückziehen wollte, um seine leiblichen und seelischen Kräfte zu sammeln. Dies sei aber nicht der Wille Gottes gewesen, denn:

»Ein plötzlicher innerer Antrieb hieß mich am Samstag nach Tisch nach Dalkingen gehen. Mit Billigung und zur Freude des hochwürdigen Herrn Pfarrers eilte ich, wie außer mir, von Haus zu Haus und lud alle Bewohner mit den Worten, die der Heilige Geist eingab, zur Buße und zur Hilfeleistung für die armen Seelen im Fegfeuer ein. Ich fand so williges Gehör, dass am folgenden Tag nach der Predigt hundertdreißig heilige Kommunionen ausgeteilt werden konnten. Sonntagnachmittag legte ich den zahlreich herbeigekommenen Kindern und Erwachsenen die christliche Lehre dar. Wie aus einem Munde riefen am Schluss die Kleinen mit den anderen: ›Zur größeren Ehre Gottes! Zur größeren Ehre Gottes!‹ In der Hoffnung auf weitere Ernte eilte ich noch am selben Tag nach dem Dorfe Buch, wo viele Kinder und Erwachsene in der Kirche zusammenkamen, um das Brot des Wortes Gottes zu empfangen. Ich selber gewann, indem ich es ihnen reichte. Gestern, einem Werktag, hörte ich in Schwabsberg die Beichten von dreiundvierzig Kranken, Greisen und anderen

bußfertig Gesinnten. Nach der heiligen Messe hielt ich Predigt und Christenlehre unter starker Beteiligung sowohl der Kinder wie der Erwachsenen.«[9]

Der plötzliche Aufbruch und das spontane Vorgehen lassen keine gezielte Missionsstrategie und kein ausgearbeitetes Programm erkennen. Jeningen verkündete einfach die Grundwahrheiten des katholischen Glaubens. Als Gedächtnishilfe fasste er seine Katechese mit dem Wahlspruch des Ignatius von Loyola zusammen: »Alles zur größeren Ehre Gottes!« Dieses Motto konnten sich Jung und Alt leicht merken und wussten, was Jeningen ihnen mit auf den Weg geben wollte: Der erste Platz im Leben gehört Gott! Aus der Verbundenheit mit ihm sollten sie ihre Entscheidungen treffen und verantwortungsbewusst handeln. Dabei sollten sie sich nicht von ihren Launen und Wünschen treiben und auch nicht allein davon bestimmen lassen, was gerade üblich und modern ist. Vielmehr sollten sie so leben, dass sie jederzeit guten Gewissens vor Gott hintreten können.

Philipp Jeningen lebte, was er verkündete. Von den Gläubigen verlangte er nicht mehr, als was er von sich selbst forderte. Deswegen war er glaubwürdig und überzeugte, obwohl er kein glänzender Redner war und nicht zu den Predigern gehören wollte, »die glauben auf der Bühne zu stehen gleich Schauspielern. Sie reden, machen Gesten und stellen sich selbst zur Schau. Nachher finden sie nichts in sich.«[10] Neben den geistigen übte er auch die leiblichen Werke der Barmherzigkeit, indem er bei seinen Missionen Alte und Kranke besuchte, ihnen die Sakramente spendete und sie tröstete. Auf seinen Reisen und im Spital von Ellwangen pflegte er Kranke und kümmerte sich im Pestjahr 1693 zusammen mit seinen Mitbrüdern gerade um diejenigen, die verlassen und hilflos in ihren Häusern lagen. Jeningen predigte nicht nur Nächstenliebe, sondern übte sie.

Wie der heilige Franz Xaver, sein großes Vorbild, machte er alle seine Missionsreisen zu Fuß. Dabei hatte er nicht nur Hitze und Kälte, Schnee und Regen zu ertragen, sondern auch lebensgefährliche Situationen zu bestehen. Überliefert wurde ein Vorfall beim Bußkreuz am Fuß des Schönenberges. Am späten Abend war Jeningen bei Dunkel-

9 Vgl. S. 61.

10 Anton HÖSS, P. Philipp Jeningen S.J. Ein Volksmissionar und Mystiker des 17. Jahrhunderts, Freiburg/Br. 1924; Ellwangen, [2]1939; [3]1948, 120.

heit von einer Volksmission heimgekehrt und dort zum Gebet niedergekniet. Als er sich wieder erhob, bemerkte er in der Nähe das glühende Augenpaar eines Wolfes, den der Hunger zur Stadt getrieben hatte. Der Wolf fiel ihn jedoch nicht an, so dass er unbehelligt nach Hause kam.

Als Missionar war er nicht nur den Naturgewalten ausgesetzt, sondern musste auch schwere Misshandlungen erdulden. Tätlich angegriffen und blutig geschlagen wurde er erstmals 1685 in Eckarrot, einem kleinen Weiler in der Nähe von Stimpfach. In der überwiegend evangelischen Gemeinde waren zwei katholische Familien Lutheraner geworden. Jeningen hörte davon und versuchte, sie in die katholische Kirche zurückzuholen. Dabei wurde er schwer misshandelt und schließlich halbtot nach Stimpfach gebracht. Im folgenden Jahr begegnete ihm in der Nähe von Aalen ein Seiler, der bei einem religiösen Gespräch so in Wut geriet, dass er den Jesuitenpater mit seinem Rechen zu Boden streckte und so lange auf ihn einschlug, bis sein Zorn verraucht war. Unweit der Stadt Nördlingen lauerten ihm hinter einer Dornenhecke zwei Lutheraner auf, fielen über ihn her und schlugen ihn, bis er zu Boden stürzte und wie tot liegen blieb. Blutig geschlagen wurde er auch von einem protestantischen Schmied aus Dinkelsbühl. Nur knapp entging er einem Flintenschuss, der aus dem Hinterhalt auf ihn abgegeben wurde.

Trotz seiner schwachen Gesundheit führte er ein asketisches Leben und verrichtete harte Bußübungen. Im Sommer ging er schon um zwei Uhr morgens in den Beichtstuhl, in dem er wegen des großen Andrangs täglich zwölf Stunden und mehr verbrachte. Als Sühne für die begangenen Sünden trug er immer, Sommer wie Winter, unter dem Talar ein härenes Büßerhemd. Um acht Uhr stieg er auf die Kanzel. Nach der Predigt, die damals gewöhnlich eine Stunde dauerte, feierte er die heilige Messe und begab sich dann bis zum Mittagessen erneut in den Beichtstuhl. Nach einer kurzen Pause hielt er am Nachmittag zunächst für Kinder und Erwachsene zwei Stunden Religionsunterricht und anschließend eine kurze Andacht, bei der er den Rosenkranz vorbetete. Bis zum Abend machte er Hausbesuche und kehrte dann wieder in den Beichtstuhl zurück, der bis spät in die Nacht umlagert war. Dann nahm er ein kärgliches Abendessen ein und legte sich im Sommer auf den Boden, im Winter auf einen Strohsack neben dem Bett, um einige Stunden zu schlafen. Wie in den Exerzitien[11] erhob er

11 Ignatius ›von Loyola‹: Geistliche Übungen (wie Anm. 5), Nr. 72.

sich schon um Mitternacht zum Gebet und fastete häufig bei Wasser und Brot, um es nicht besser zu haben als Franz Xaver und die Missionare in Indien, die sich bei ihrer anstrengenden Arbeit mit Wasser und Reis begnügen mussten.

Pastorales Wirken und Tod in Ellwangen

Neben seinen Tätigkeiten auf dem Schönenberg und als Volksmissionar betreute Jeningen in Ellwangen die Schüler des Jesuitengymnasiums, die Alten, Kranken und Sterbenden. Obwohl es den Schülern frei stand, ihn als Beichtvater zu wählen, kamen viele zu ihm. Oft fragte er sie: »Hast du auch Gott aufrichtig lieb?« Hinter dieser Frage spürt man das große Anliegen Jeningens und sein ständiges Bemühen, in den Herzen der Kinder und Jugendlichen die Liebe zu Gott zu wecken und einzuprägen, weil für ihn »der Größte in der Welt der war, der Gott am meisten liebt«.[12] Als Jesuit hatte er zudem das Gelübde abgelegt, sich besonders um die Erziehung der Jugend zu kümmern.

Einem Beamten der Fürstpropstei, der Leiter des Oberamtes war und durch einen Unfall erblindete, half Jeningen, sein schweres Schicksal gläubig anzunehmen. Aufgrund seiner Blindheit lernte der Mann sich zu sammeln und zur Ruhe zu kommen, so dass er die meiste Zeit im Gebet in der Stiftskirche verbrachte. Jedes Jahr hielt er sich mehrere Wochen auf dem Schönenberg auf, wo er stundenlang vor dem Gnadenbild kniete, um der Gottesmutter die eigenen und fremden Anliegen zu empfehlen. Dabei durfte er die Nähe Gottes erfahren und in tiefer Verbundenheit mit ihm leben.

In der Stadt und im Spital besuchte und pflegte Jeningen Alte und Kranke. Den Armen half er, wo er nur konnte, und war sehr darauf bedacht, den Sterbenden die Sakramente zu spenden und ihnen in ihrer letzten Stunde beizustehen. Seine besondere Sorge galt den Gefangenen und zum Tode Verurteilten, die er wieder mit Gott versöhnen und zu ihm zurückführen wollte. Wenn er einen Verurteilten zur Richtstätte begleitete, wurde er oft von so starkem Mitleid gepackt, dass er am liebsten selber für ihn gestorben wäre.

12 HÖSS (Hrsg.), Die Tagebücher (wie Anm. 1), 63.

Starken persönlichen Rückhalt und finanzielle Unterstützung für sein missionarisches und seelsorgerisches Wirken fand Jeningen bei Ignatius Desiderius von Peutingen, der als Stiftsdekan die Fürstpropstei leitete. Ihr umfangreicher Briefwechsel zeigt, wie gut sich die beiden Freunde verstanden, die in sehr verschiedenen Stellungen für Ellwangen Bedeutendes geleistet haben. In der Einleitung zu den Briefen Jeningens, die Peutingen sorgfältig aufbewahrt und nach dem Tod seines Seelenführers den Jesuiten geschenkt hat, werden deshalb Leben und Werk des frommen, gelehrten und tüchtigen Stiftsdekans kurz dargestellt.

In Ellwangen wurde Jeningen jedoch nicht nur geachtet und gefördert, sondern auch heftig kritisiert und radikal in Frage gestellt. Einer, dessen Name und Stellung nicht überliefert ist, sagte ihm offen ins Gesicht: »Philipp, du bist ein Narr.« Anlass dazu gaben wohl seine asketische Lebensweise und sein unermüdlicher missionarischer Einsatz sowie Offenbarungen, Erscheinungen und Voraussagen, von denen manche entstellt und übertrieben weitererzählt wurden. Jeningen bewährte sich in diesen Prüfungen als echter und lauterer Jesuit, der sich seit dem Noviziat darum bemühte, durch Demut und Gehorsam Jesus ähnlich zu werden. Im Mittelpunkt seines Lebens standen nicht Ehre und Ansehen, sondern Jesus und das Reich Gottes. Deshalb setzte er alles daran, um dorthin zu gelangen. Maria und die Heiligen hatten dieses Ziel schon erreicht und waren deshalb für ihn Fürsprecher und Helfer, zu denen er ein vertrautes und persönliches Verhältnis hatte. Weil Jeningen ihre Gemeinschaft suchte, durfte er immer wieder erfahren, wie Jesus, Maria und die Heiligen ihm ihre Verbundenheit und Zuneigung ausdrückten, ihn ermutigten, stärkten und trösteten.

In seinen Aufzeichnungen berichtet er häufig über Erscheinungen und Offenbarungen, bei denen sich heute nicht mehr überprüfen und feststellen lässt, welche Wirklichkeit ihnen zukommt, was an ihnen vom Schauenden selbst stammt und was nicht. Trotz aller Bedenken darf jedoch nicht übersehen werden, dass Jeningen dabei nichts Geheimnisvolles oder Ungewöhnliches erfuhr. Ihm wurde nur das versichert und zugesagt, was jeder Katholik von seinem Glauben her weiß. In der Vision vom 3. Februar 1681 war dies beispielsweise die Einsicht, dass Maria eine Mutter voll Liebe und Fürsorge ist. Welche Folgen dies für das religiöse Leben des Menschen hat, ergibt sich aus dem Unterschied zwischen theoretischem Wissen und wirklichem Glauben.

Obwohl alle Katholiken wussten, dass Maria die Gottesmutter ist, kam die Marienverehrung fast völlig zum Erliegen. Philipp Jeningen aber verehrte die Muttergottes, bat in allen Anliegen und Nöten voll Vertrauen um ihre Fürsprache und ermutigte die Gläubigen, sich ihrem mütterlichen Schutz anzuvertrauen, weil er eben fest davon überzeugt war, dass Maria ihn und alle Menschen wirklich liebt.

Eine Bestätigung dafür, dass Jeningen keinen Einbildungen und Phantasieprodukten aufgesessen ist, ist die ihm geschenkte, außerordentliche Gottes- und Nächstenliebe und die Tatsache, dass er nicht eigensinnig, eingebildet und hochmütig wurde, sondern demütig, gehorsam und diensteifrig blieb. Da er in den Exerzitien gelernt hatte, die Geister zu unterscheiden, hat er seine Visionen nicht überbewertet und als mystische Erfahrungen eigensüchtig genossen, sondern als Gnade Gottes dankbar angenommen. Demütig und bescheiden ließ er auch Ablehnung und Kritik, die ihm seine Vorhersagen eintrugen, über sich ergehen. Zu den bekanntesten gehört wohl die Prophezeiung, Fürstpropst Adelmann werde solange leben, wie die Christusfigur unversehrt am Bußkreuz des Schönenberges bleibe. Als etwa zwei Jahre später ein Sturm das Kreuz umriss, zerbrachen Arme und Beine des Gekreuzigten und kurz darauf starb Adelmann, der Erbauer der Wallfahrtskirche, deren Brand Jeningen ebenfalls vorausgesagt hat.

Trotz dieser außergewöhnlichen Erfahrungen hat Jeningen nichts Ausgefallenes getan, sondern hat sich an das gehalten, was er als Ordensmann gelernt und in den Exerzitien eingeübt hatte. Weil er Jesus nachfolgen wollte, fragte er nach dem Willen Gottes, ließ sich von ihm führen, nahm seine Gaben und Prüfungen dankbar an und setzte sich ganz für ihn ein. Um es nicht besser zu haben als sein Herr und den Leidensweg mit ihm zu gehen, arbeitete er hart, führte ein asketisches Leben und nahm Bußübungen auf sich. Bei aller Strenge gegen sich selbst war er ein gütiger und liebenswürdiger Mensch, der trotz Anfeindung und Kritik alles zur größeren Ehre Gottes tat und sich unermüdlich für die Menschen einsetzte. Obwohl ihm die Gottesmutter offenbart hatte, wie lange er leben werde, sehnte sich Jeningen in seinen letzten Lebensjahren danach, aufgelöst zu werden und bei Christus zu sein. Während der Exerzitien, die er so gerne und häufig gemacht hat, erfüllte ihm Gott diesen Wunsch. Um sich körperlich und seelisch zu erholen, begann Jeningen nach einer längeren Missionsreise am 22. Januar 1704 seine ersten geistlichen Übungen in diesem Jahr.

Sechs Tage später meldete er seinen Oberen, dass er krank sei, und legte sich mit einer schweren Erkältung ins Bett. In der Nacht zum 2. Februar verlangte er die Sterbesakramente, die ihm am Morgen von Mariä Lichtmess, dem Tag seiner letzten Gelübde, gespendet wurden. Wenige Tage später, am Abend des 8. Februar 1704, starb Philipp Jeningen und wurde schon am folgenden Tag im Kreuzgang der Stiftskirche beigesetzt. Die Nachricht von seinem Tod verbreitete sich rasch, so dass Jung und Alt aus Ellwangen und Umgebung herbeiströmten, um ihrem »guten Pater Philipp« die letzte Ehre zu erweisen. Leben und Werk des hochgeachteten und bis heute sehr verehrten Jesuitenpaters würdigt eine Gedenktafel, deren lateinische Grabinschrift in deutscher Übersetzung[13] lautet:

13 HÖSS, P. Philipp Jeningen S.J. (wie Anm. 10) 226.

P. Philipp Jeningen S.J.,
ein im Ellwanger Bezirk und weit in der ganzen Umgegend
in vier Bistümern
unermüdlicher Missionar,
ruhet hier.
Nimmer hätte er von seiner apostolischen Arbeit gelassen,
hätte es ihm nicht der Höchste geheißen.
Feldaus, feldein eilte er stets zu Fuß,
um Unzählige auf dem rechten Weg zu stärken,
und die, welche himmelweit von Gott und Glauben irrten,
in großer Zahl zurückzuführen,
glücklich bei jenem Werke,
bewundernswert in diesem.
Sein Leben lang
sich selber tot,
schien er dem Nächsten nur zu leben,
hätte nicht alle Welt gewußt,
dass er für Gott allein nur lebte.
Zur Verbreitung der göttlichen Ehre allzu eng
erschien ihm unser Erdteil.
Deshalb, mit sechzig Jahren noch, nach Indien
er verlangte; doch seine heißen Wünsche
löschte plötzlich des Fiebers Glut
und setzte dem Mann des Verlangens ein Ziel
an der Ewigkeit Tor
am 8. Februar
des Schaltjahres 1704.
Du, Wanderer,
Dem Nimmerrastenden, dem Frommen, der hier festgebannt,
erbitte die ewige Ruhe.

Geistliche Briefe P. Philipp Jeningens

übersetzt und eingeleitet von

Anton Höss SJ (†)

Einleitung

Für den Seligsprechungsprozess Philipp Jeningens wurden 1936 in Rom alle Dokumente im Originaltext gedruckt. Aufgrund dieses Materials konnte drei Jahre später seine Biographie[14] in einer zweiten, neu bearbeiteten Auflage herausgegeben werden. Da auch seine Tagebücher[15] bereits veröffentlicht wurden, müssen nur noch seine Briefe einem weiteren Leserkreis zugänglich gemacht werden.[16]

Im Gegensatz zu den persönlichen Aufzeichnungen sind die Briefe zum größten Teil noch handschriftlich vorhanden. Von den noch erhaltenen fünfzehn Bittbriefen an verschiedene Generäle des Jesuitenordens um Entsendung in die Mission nach Indien wurden vierzehn von Professor Hermann Hoffmann in Rom gefunden und mit einer ausführlichen Einleitung im lateinischen Originaltext[17] herausgegeben. Jeningens Briefe nach Rom und die an Ignatius Desiderius von Peutingen wurden von Ferdinand Baumann SJ in deutscher Übersetzung[18] veröffentlicht. Leider standen ihm damals die Originalhandschriften nicht zur Verfügung, sondern nur der erste Druck der alten Lebensbeschreibungen für den Seligsprechungsprozess von 1912 in Rom. Wir danken Pater Baumann, dass er uns die Benutzung seiner sprachlich gewandten Übersetzung gestattete, von der wir nur wenig dem Originaltext entsprechend abgewichen sind.

Von 1669 bis 1701 hat Philipp Jeningen wenigstens zwanzig Briefe nach Rom geschrieben mit der Bitte, in die Mission nach Indien entsandt zu werden. Fünfzehn davon sind noch erhalten.[19] Aus ihnen

14 HÖSS, P. Philipp Jeningen S.J. (wie Anm. 10).

15 HÖSS (Hrsg.), Die Tagebücher (wie Anm. 1).

16 Der Text von Höss wurde leicht überarbeitet, dem heutigen Sprachempfinden angepasst und durch Literaturangaben ergänzt.

17 Hermann HOFFMANN (Pseud. XYZ), Philipp Jeningens Missionssehnsucht. In: Theologische Quartalschrift 111(1930) 349-373.

18 Ferdinand BAUMANN, Briefe des ehrwürdigen P. Philipp Jeningen S.J., in: Rottenburger Monatsschrift für praktische Theologie 15(1931/32) 97-103, 129-135, 225-232, 257-266; 16(1932/33)1-5; 17(1933/34)78-81, 97-102, 161-166.

sprechen ein glühender Missionseifer, große Sehnsucht nach dem Martyrium, tiefe Demut und Bescheidenheit, Liebe zu äußerster Armut, ein gutes Verhältnis zu seinen Schülern und Mitbrüdern sowie hohe Achtung vor den Ordensoberen. Sie bestätigen Jeningens mystisches Verhältnis zu Christus, dem Gekreuzigten, seine Herz-Jesu-Verehrung und Marienfrömmigkeit sowie seine große Liebe zu den Heiligen, besonders zu Ignatius von Loyola und Franz Xaver.

Bei aller Achtung vor seinen Vorgesetzten und bei aller Ergebenheit in den Willen Gottes hinsichtlich ihrer Entscheidungen ist Philipp Jeningen erfinderisch in neuen Ausdrucksweisen und Argumenten, um seinen Bitten Nachdruck zu verleihen und ihnen Gehör zu verschaffen. Dadurch erreichte er, dass die Ordensgeneräle wiederholt entschlossen waren, ihn in die Mission zu senden. Gesundheitliche Gründe, später auch sein segensreiches Wirken als Wallfahrtsseelsorger und Volksmissionar in Ellwangen sowie sein vorgerücktes Alter haben schließlich die Oberen davon absehen lassen, seinen Herzenswunsch zu erfüllen.

Diese Bittschreiben nach Rom, meint Hermann Hoffmann, »gewähren einen ergreifenden Einblick in das Innere eines heiligmäßigen Priesters, in eine unerschütterliche Berufstreue, in die Tragik einer heißen, nie gestillten Sehnsucht, in das Geheimnis des ›Martyriums, nicht Martyrer sein zu dürfen‹«.[20]

Anders geartet sind Jeningens Briefe an Ignatius Desiderius von Peutingen. Obwohl es in ihnen, dem barocken Zeitgeschmack entsprechend, an Höflichkeit und Unterwürfigkeit gegenüber dem Stiftsdekan und Statthalter Ellwangens und dem großen Wohltäter der Jesuiten nicht fehlt, sind sie als Briefe an einen Freund offen und freimütig.

Ignatius Desiderius von Peutingen[21], der letzte Spross des berühmten Augsburger Patriziergeschlechtes, wurde am 12. März 1641 in Augsburg geboren und erhielt seine Ausbildung in Rom, wo er im Hause seines Onkels Christoph von Peutinger wohnte, der als Kurienprälat und Mitglied des höchsten päpstlichen Gerichtshofes eine angesehene und einflussreiche Stellung hatte. Nach Abschluss seiner Studien erhielt der

19 Vierzehn im Fondo Gesuitico, Indipetae, Bd. 23, S. 546; einer im Archivum Romanum S.I., Prov. Germ. Sup. 18, fol. 87f.

20 HOFFMANN, Philipp Jeningens Missionssehnsucht (wie Anm. 17) 360.

21 Vgl. dazu auch: Joseph ZELLER, Stiftsdekan von Peutingen (1641-1718). Zur 200. Wiederkehr seines Todestags. In: Ellwanger Jahrbuch 6(1917-1919), 106-117; Hans PFEIFER, Ignatius Desiderius von Peutingen (1641-1718). In: Peutinger-Gymnasium Ellwangen (Hrsg.), Festschrift zum 325jährigen Jubiläum, Ellwangen 1983, 81-89.

junge Peutinger, der sich als erster seines Geschlechtes von Peutingen nannte, vom Papst eine Stiftsherrnpfründe in Ellwangen. Fürstpropst Johann Christoph von Adelmann ernannte ihn 1677 zum Scholastikus und übertrug ihm damit die Oberaufsicht über das Schulwesen und den Kirchengesang. Zwanzig Jahre später wurde Peutingen zum Stiftsdekan und kurz darauf zum Statthalter des Fürstpropstes Franz Ludwig von der Pfalz gewählt, der nur selten in Ellwangen residierte. Dadurch war von Peutingen bis zu seinem Tode am 18. Oktober 1718 der eigentliche Regent des Landes. Als Stiftsdekan war er für die Ordnung des Gottesdienstes, die Aufrechterhaltung der geistlichen Disziplin und die Leitung des Kapitels verantwortlich, als Statthalter hatte er die Fürstpropstei zu regieren.

Schon vor seiner Wahl zum Stiftsdekan hatte Peutingen die seelsorgerische Tätigkeit seines Freundes Philipp Jeningen unterstützt und zusammen mit ihm versucht, die sittlich-religiösen Zustände des Landes zu verbessern. Obwohl er es anfangs nicht gerne sah, wenn sich der Jesuit allzuweit und allzulange von Ellwangen entfernte, fand er sich später damit ab, weil er die Früchte von dessen Volksmissionen heranreifen sah. Jeningen unterrichtete Peutingen gerne über seine Missionen und verstand es, sie als überaus nützlich und notwendig darzustellen. Vor allem aber berichtete er dem Freund, von dem er sich in seiner mystischen Gottverbundenheit ganz verstanden fühlte, von seinen religiösen Erlebnissen. Als Seelenführer des Stiftsdekans beriet und ermahnte ihn Jeningen nicht selten. Da er oft auf Mitteilungen und Fragen von Peutingens antwortete, wäre deren Kenntnis zum besseren Verständnis seiner Briefe wünschenswert. Aber diese Briefe sind leider nicht mehr erhalten. In seiner großen Verehrung für Jeningen hat der Stiftsdekan dagegen dessen Briefe sorgfältig aufbewahrt und bei seinem Tod den Jesuiten in Ellwangen vermacht. Elf davon sind im Original erhalten, neununddreißig weitere in Abschrift in der Lebensbeschreibung von 1727.[22]

Jeningen hat seine Briefe stilistisch nicht gefeilt und ausgearbeitet. Den flüchtigen Schriftzügen merkt man nicht selten an, dass sie spontan und in Eile verfasst wurden. Bei seiner unermüdlichen Tätigkeit als Wallfahrtsseelsorger und Volksmissionar musste sich Jeningen die kostbare Zeit zum Schreiben abringen. Die Schrift verrät aber eine gewandte Schreibhand von künstlerischen Fähigkeiten und ist gut leserlich.

22 Zehn dieser Originalbriefe und die Lebensbeschreibung befinden sich im Archivum Monacense Societatis Jesu (=AMSJ), München, M I 43 und M VI, 55. Der elfte Brief im Archiv der Norddeutschen Provinz SJ (=ANPSJ), Abt. 48-1A, Reliquiae S.I.

Nach Form und Inhalt dürfen die Briefe Jeningens nicht mit dem Maßstab des Literaten oder Historikers gemessen werden. Kulturgeschichtlich sind sie ein Beleg für den uns heute fremden barocken Schreibstil mit seinen übertriebenen Höflichkeitsformen und schwülstigen Redensarten. Unter dieser Rücksicht sind die Briefe uninteressant. Deshalb werden sie nicht in einer kritischen, wissenschaftlichen Ausgabe veröffentlicht, wie es für den Seligsprechungsprozess notwendig war, sondern in einer gut lesbaren und verständlichen Auswahl für die vielen Freunde und Verehrer des guten Pater Philipp.

Nirgends verrät der Mensch aufrichtiger, wie er ist und denkt, als in Briefen an seine Freunde. Auch die Briefe Jeningens lassen deutlich die Persönlichkeit des Volksmissionars und Mystikers, seine Gottes- und Nächstenliebe erkennen. Zu den wenigen großen und tiefen Gedanken, die darin häufig wiederkehren, gehören sein leidenschaftlicher Hass gegen die Sünde, sein himmelsstürmender Buß- und Sühneeifer, seine Liebe zum Herzen Jesu und seiner heiligen Mutter, sein ständiger Wandel in der Gegenwart Gottes, seine tiefe Verehrung der Engel und Heiligen. Jeningen lebte diese Frömmigkeit in einer von Krankheit und Krieg geschüttelten Welt. Als Volksmissionar und Wallfahrtsseelsorger kannte er die Not und das Elend der Menschen, denen er nach Kräften zu helfen versuchte und ihnen als Beichtvater ihre Sünden vergab. In der Nachfolge Jesu bemühte er sich, Gott zugewandt zu leben, und strebte danach, jeden Tag besser und vollkommener zu werden, um durch sein Beispiel den anderen den Weg zu Gott zu zeigen.

Außer den bereits erwähnten Briefen Jeningens sind noch fünf weitere erhalten: vom 24. September 1680 an einen unbekannten Empfänger[23], vom 11. September 1689[24] an den bekannten Kapuziner Markus von Aviano[25], vom 27. März 1690 an Graf Notger Wilhelm von Öttingen[26], vom 1. Oktober 1697 an den Provizial der oberdeutschen Jesuitenprovinz, Martin Müller[27], sowie eine undatierte Einladung an eine Pfarrgemeinde zur Wallfahrt auf den Schönenberg.[28]

23 AMSJ, Lebensbeschreibung (wie Anm. 22) M VI,55, 317-320.

24 Archivum Postulationis OFMCap., Rom. Vol. F-3-1.

25 Vgl. dazu: Lexikon für Theologie und Kirche, Bd. 16, Freiburg/Br. (3) 1997, 1404f.- Remigius BÄUMER – Leo SCHEFFCZYK (Hrsg.) Marienlexikon, Bd. 4, St. Ottilien 1992, 330f.- Neue Deutsche Biographie, Bd. 16, Berlin 1990,128f.

26 Archivum Wallerstein, Archivalia Personalia Notger Wilhelm, Nr. 53.

27 München, Bayerische Staatsbibliothek, Clm 26 471.

28 AMSJ, Originalbriefe (wie Anm. 22) M I 43.

Sehnsucht nach dem Lande Franz Xavers

Philipp Jeningens Bittbriefe nach Rom

Als Student der Theologie wandte sich Philipp Jeningen am 15. Oktober 1669 zum ersten Mal an den Jesuitengeneral Paul Oliva mit der Bitte, ihn als Missionar nach Indien oder in ein anderes fernes Land zu senden. Den Anstoß dazu gab wohl die große Missionsbegeisterung, die damals in den Kollegien und Niederlassungen der Jesuiten in Deutschland herrschte. Die Briefe der Missionare in Asien und Südamerika gingen von Hand zu Hand. Die Reiseberichte von Johann Grueber und Heinrich Roth, die auf dem Landweg von China und Indien 1664 in Rom eintrafen, weckten die Missionssehnsucht vieler deutscher Jesuiten. Aus Ingolstadt baten gleichzeitig mit Philipp Jeningen mehrere Patres und Theologiestudenten den Ordensgeneral, als Missionare in ferne Länder entsandt zu werden. Die Gesinnung, die aus Jeningens Brief spricht, scheint General Oliva beeindruckt zu haben, obwohl er ihn in seinem Antwortschreiben vom 9. November 1669 auf eine spätere Gelegenheit vertröstet.

Hochwürdigster Pater General!
Pax Christi!

Nachdem alle Hindernisse überwunden waren, die sich mir sieben Jahre lang entgegenstellten, hat mir der allgütige Gott die besondere Gnade erwiesen, mich in die Gesellschaft Jesu zu führen. Nun ist es bereits das sechste Jahr, dass ich mich auch in die auswärtigen Missionen berufen fühle. Es überkam mich ein plötzlicher Antrieb, der aber so unablässig fortdauert, dass mir all die Zeit hindurch kein Zweifel an meiner Berufung möglich war. Auch glaube ich, dass es mein Bestreben war, von Anfang an mit allen Kräften mit dieser göttlichen Berufung mitzuwirken. Doch kürzlich habe ich ein so klares Kennzeichen meines Berufes und eine solche Mahnung, darum zu bitten und zu schreiben, erhalten, dass ich kein deutlicheres Zeichen mehr vom allgütigen Gott erwarten darf. Es könnte aber für einen Sohn der Gesellschaft Jesu kein größeres Unglück geben, als den heiligen Willen Gottes in einer Sache klar erkannt und doch bewusst nicht ausgeführt zu haben. Darum wende ich mich in diesem Briefe, geschrieben zu Füßen meines gekreuzigten Jesus und der seligsten Jungfrau Maria, kniefällig an Eure Paternität und bitte inständig mit diesem für immer geltenden Schreiben, in die indische Mission oder in ein anderes fernes Land nach Ihrem Gutdünken gesandt zu werden. Ich bitte mit solcher Unterwürfigkeit, Willfährigkeit und Inständigkeit, wie es nur immer einer vermag, der einer göttlichen Berufung aufs vollkommenste in allem zu entsprechen verlangt und seinerseits in der Todesstunde nicht die leiseste Befürchtung haben möchte, den göttlichen Willen nicht mit all seinen Forderungen erfüllt zu haben. Dennoch bleibe ich jedes Wunsches Eurer Paternität gewärtig und fühle mich zu jedweder Arbeit an jeglichem Orte so bereit, dass ich mir sogar ein Gewissen daraus gemacht hätte, diesen Bittbrief zu schreiben, wenn mir nicht klar gewesen wäre, dass eine derartige Bitte den Obern angenehm ist und dem vollkommenen Gehorsam durchaus nicht widerspricht. Nachdem ich nun um der Wunden Christi und um alles dessen willen, was Gott und der seligsten Jungfrau teuer ist, meine Bitte in aller Eindringlichkeit und Demut vorgelegt habe, hält mich ehrfürchtige Bescheidenheit davor zurück, noch ausführlicher zu werden. Doch will ich in Christus, dem Herrn, mich nie davon abhalten lassen, Eure Paternität demütigst anzuflehen, meiner Bitte eingedenk zu sein. Dann zumal werde ich nicht davon abstehen können, wenn ich mich um des Heiles der Mitmenschen und ob des dafür vergossenen Blutes Jesu Christi willen zu Füßen meines Gekreuzigten und der seligsten Jungfrau unter Tränen demütig niedergeworfen und gebetet habe. Es ist mir Unwürdigen ja zu meinem großen Trost erlaubt, mich an Eure Paternität zu wenden, wo, wann und so oft ich will.

Ingolstadt, 15. Oktober 1669.

Euer Paternität unwürdigster Sohn und geringster Diener in Christus
Philipp Jeningen

Als noch im selben Jahr in Ingolstadt bekannt wurde, dass Missionare nach China entsandt werden sollten, schrieben Jeningen und mehrere seiner Mitbrüder, zu denen auch die beiden Mathematiker Beat Amrhyn und Adam Aigenler gehörten, erneut nach Rom. Jeningen schildert in seinem zweiten Brief von neuem die Entwicklung seines Missionsberufes und berichtet, dass er 1670 durch den heiligen Franz Xaver von einer schweren Krankheit geheilt worden sei und außergewöhnliche Gnaden empfangen habe. Daraufhin, heißt es in einer anderen Quelle, habe er gelobt, den heiligen Franz Xaver besonders nachzuahmen, seine Verehrung nach Kräften zu fördern und um die Entsendung in außereuropäische Missionsgebiete zu bitten. In seinem Brief gibt er offen zu, keine besonderen Kenntnisse in der Mathematik zu besitzen. Gleichzeitig weist er aber auch darauf hin, dass er sein Theologiestudium abschließen und zum Priester geweiht werden könne, wenn er in die Mission gesandt würde.

Hochwürdigster Vater in Christus!
Pax Christi!

Ich bedauere, dass ich mit diesem Schreiben nicht zugleich mein Herz an Eure Paternität übermitteln kann, oder besser gesagt: Ich bedauere es nicht, dass ich mein Inneres nicht mit der Feder zum Ausdruck bringen kann, sehe ich doch eine Möglichkeit, Ihnen mein Herz zu übermitteln. O mein gekreuzigter Jesus! Siehe, ich lege mein Herz in Deine heiligste Seite, in der auch unser hochwürdigster Vater sich seine Wohnung erwählt hat, auf dass dort seine fernen Söhne mit ihrem liebevollen Vater betend verbunden seien. Ich bitte Dich, o Jesus, überreiche ihm mein Herz, in das Du selber vor sieben oder acht Jahren die Berufung zur Bekehrung der Heiden geschrieben hast. Darin wird unser hochwürdigster Vater auch jenen Brief tief eingegraben finden, durch den er mich im November 1669 gar sehr in meiner Berufung bestärkte mit den tröstlichen Worten: »Bewahre diese Gesinnung und fahre fort, dich mit Tugenden auszurüsten, die einer so hohen Aufgabe entsprechen.« Ferner wird er in meinem Herzen unter anderem eingeprägt finden die gleichlautende Mahnung des heiligen Franz Xaver, der an mir zum Wundertäter geworden ist. Ich hielt nämlich einer so hohen Aufgabe nichts für entsprechender als härteste Leiden und Verachtung aus Liebe zu Dir, o mein Jesus! Da wurde mein Wunsch im vergangenen Jahr erfüllt. Es überfiel mich ein ungewöhnliches, hitziges und andauerndes Fieber derart, dass ich mit dem Tode ringend, den Gebeten der Mitbrüder im Refektor empfohlen und mit den heiligen Sterbesakramenten versehen wurde. In dieser Krankheit aber hast Du, o mein Jesus, und Deine geliebteste Mutter, der heilige Franz Xaver und andere Himmelsbewohner mir nicht bloß die volle Gesundheit wiedergegeben, sondern auch solche Gnaden und Erkenntnisse geschenkt, dass ich sie in meinem ganzen Leben nicht genug zu schätzen und zu schildern vermag. So lege denn Du, o Jesus, mein ganzes Herz mit der wunderbaren Berufung nach Indien unserem hochwürdigsten Vater dar! Es mögen für mich sprechen Deine heiligsten Wunden; es möge sich Dir als Fürsprecherin anschließen die jungfräuliche Mutter; was Deine heiligsten Wunden, das werden auch ihre heilige Mutterliebe und ihr jungfräuliches, unter dem Kreuze mit dem Schwert durchbohrtes Herz erflehen. Ich aber sollte dann schweigen? Nein, hochwürdigster Vater, es fleht und spricht für mich mein Herz von der Seitenwunde meines gekreuzigten Jesus aus und es ruft durch das heiligste verwundete Herz wie durch seinen Mund: Hochwürdigster Vater nach Indien, nach Indien, nach Indien zur Bekehrung der Heiden, wozu Gott mich ruft. Sollten, Eure Paternität, den Ruf meines Herzens nicht hören, so kommt das vielleicht daher, dass aus den Wunden des geliebten Erlösers auch ungezählte, durch das kostbare Blut erlöste Seelen das Gleiche für mich rufen und dass ihr vielfacher Ruf meine Stimme übertönt. Doch schauen, Eure Paternität, nur auf ihr Kreuz und Sie werden sehen, dass der Gekreuzigte sein Haupt neigt, damit ich erhört werde. Was meine Studien betrifft, so studiere ich nun im dritten Jahr Theologie in der Gesellschaft; außerdem habe ich schon vor meinem Eintritt ein Jahr scholastische Theologie gehört. Wenn der hochwürdige P. Prokurator für China mich als Begleiter haben will, kann ich demnach zum Priester geweiht werden und gehen, so bald Eure Paternität es möchte.

Mathematiker bin ich zwar nicht, aber ich habe hierfür schon Jesus, den Schöpfer von Sonne, Mond und Sternen als Lehrer erwählt, und wiewohl ich mich zu einer solchen Aufgabe ganz unfähig und unwürdig weiß, so glaube ich doch in diesem meinem Erlöser alles zu wissen und zu können. Auf ihn allein vertraue ich ganz, hat er mich doch von Kindheit an durch mannigfache Schickungen und Prüfungen heimgesucht, belehrt und immer wundersam geleitet.

Das alles lege ich dar in vollster Bereitwilligkeit zu allem und nur, um der Stimme meines Gottes Folge zu leisten, der mich in schwerster Krankheit erfahren ließ, wie süß es ist, seinem Rufe zu folgen. Wenn ich aber den Befehl erhalte, auf Indien zu verzichten, so werde ich mich mit Gottes Gnade auf die Arbeiten unserer Provinz mit nicht geringerem Eifer verlegen. Ich schäme mich meines langen Schreibens und breche ab. Nicht aufhören aber kann ich, Eure Paternität in meinem gekreuzigten Jesus untertänigst immer wieder die gleiche Bitte vorzutragen und als Anwalt in dieser Angelegenheit die seligste Jungfrau Maria, unseren heiligen Vater Ignatius, den heiligen Franz Xaver in Demut anzurufen. Aus der Seitenwunde meines gekreuzigten Jesus.

Ingolstadt, 19. April 1671.

Euer Paternität unwürdigster und geringster Sohn
Philipp Jeningen

Wegen ihrer mathematischen Kenntnisse waren Beat Amrhyn und Adam Aigenler vom Ordensgeneral für die Mission in China bestimmt worden und reisten am 22. Dezember 1671 von Ingolstadt ab. Etwa ein Jahr später traten sie von Lissabon die beschwerliche Seereise an. Beide starben jedoch auf dem Schiff bei der Pflege von Pestkranken, Amrhyn schon bevor sie das Kap der Guten Hoffnung umsegelt hatten, Aigenler kurz darauf. Philipp Jeningen, der am 24. Februar 1672 sein Abschlussexamen bestanden hatte, hoffte wieder auf die Erfüllung seines Herzenswunsches und schrieb nach Rom. Sein Brief machte einen tiefen Eindruck auf General Oliva, der am 21. Mai 1672 antwortete, er sei in die Liste der Missionskandidaten eingetragen und solle guten Mutes und voller Hoffnung sein. Damit machte er Jeningen eine große Freude, der wenige Wochen später in Eichstätt zum Priester geweiht wurde.

Hochwürdigster Vater in Christus!
Pax Christi!

Seit mehr als acht Jahren schon ruft mich Gott in seiner Güte andauernd zur Bekehrung der Heiden und ich habe in dieser Angelegenheit schon wiederholt meine Bitten vorgebracht. Vom allgütigen Gott innerlich gemahnt und gedrängt, flehe ich hiermit neuerdings Eure Paternität

kniefällig und mit Tränen in den Augen um der durchbohrten, teuersten Seite unseres Herrn Jesu Christi und seiner durchbohrten Hände und Füße willen an: Erlauben Sie mir, an Stelle des hochwürdigen Pater Prokurators von China hierzulande Almosen für die chinesische Mission zu betteln und dann nach Rom zu pilgern. Dort will ich das Almosen abgeben und auf den Knien unter Tränen meine wunderbare Berufung darlegen. Wenn mich dann weder Eure Paternität noch der hochwürdige Pater Prokurator, nachdem Sie mich persönlich kennen gelernt haben, für die chinesische Mission haben wollen, dann werde ich, zufrieden mit dem allgegenwärtigen und allgenügenden Gott und seinem heiligsten Willen, wiederum hierher bei Wasser und Brot, wenn es so erlaubt wird, zurückkehren und werde froh sein, wenn ich auch nur eine leise Hoffnung mitbringe, in irgendeine andere Mission zu Ehren unseres Herrn Jesus Christus zu kommen.
Da aber Eure Paternität meiner Bitte nur insoweit zu willfahren scheint, als es den Oberen unserer Provinz recht ist, so will ich mich eifrig bemühen, dass auch diese gern und freudig einverstanden sind (wenn sie den besonderen Ruf Gottes kennen), wenn nur erst Eure Paternität Ihre gütige Erlaubnis gegeben haben.
Es hält mich auch nicht ab, dass schon, wie man sagt, genügend Begleiter für den hochwürdigen Pater Prokurator bestimmt sind. Wenn man nämlich persönlich meinen aufrichtigen Entschluss und meinen ernsten, aufrichtigen Willen erkennt, so hege ich keinen Zweifel, dass ich wenigstens als dienender Bruder, wie ich so sehr wünsche, den Missionaren beigegeben werden könnte, um ihnen das Gepäck auf dem Schiffe zu tragen und anderes getreu zu besorgen, was sie selber nicht gut tun können: in der Küche zu helfen, die Hühnerställe rein zu halten, allenfalls den Unsrigen als Krankenbruder zu dienen. Wer möchte nämlich nicht mit heiligem Neid auf dieses Amt eines Laien sehen, der vielleicht sonst auf dem Schiff benötigt würde, aber das Glück eines solchen Dienstes und einer solchen Fahrt nicht zu schätzen weiß und nachher in China den Unsrigen nicht mehr von Nutzen ist! Was mir übrigens bei einer solchen Arbeit zustoßen mag: ich werde nichts annehmen, was man nicht jedem Matrosen oder Diener auf dem Schiffe zukommen lässt.
Da ich aber schon mein letztes Examen abgelegt habe und demnächst, am Fest der Heiligsten Dreifaltigkeit, zum Priester geweiht werde, kann ich leicht voraussehen, dass die Missionare solche Dienste von einem Priester, der als solcher bekannt ist, nicht gerne annehmen wollen. Doch kann Eure

Paternität auch dieser Schwierigkeit gütigst abhelfen, wenn ich nämlich die heiligen Weihen geheim halten und bis nach China als Laienbruder gehen darf. Den heiligen Weihen wird kein Eintrag geschehen, wenn ich in Ehrfurcht denen diene, die zum heiligsten Dienst Gottes bestimmt sind. All dies hängt einzig von Ihrer Zustimmung ab. Deshalb bitte ich Sie wieder und wieder in aller Demut und Eindringlichkeit um der heiligsten Wunden unseres Herrn Jesus Christus willen, der am Kreuze zustimmend sein Haupt neigt. Versagen Sie diesen Trost nicht Ihrem unwürdigsten Sohn, der zu jeder Arbeit gleichfalls ganz bereit ist und sich der Hoffnung hingibt, dass Eure Paternität die Gewährung meiner Bitte nie bereuen werden.

Ingolstadt 26. April 1672.

Euer Paternität unwürdigster und geringster Sohn
Philipp Jeningen

Die Mitteilung, am 2. Februar 1677 die Professgelübde ablegen zu dürfen, war für Jeningen ein willkommener Anlass, erneut um die Entsendung in die Mission zu bitten. In der Weihnachtszeit findet er rührende Worte, um mit dem göttlichen Kinde und dessen heiligster Mutter seine Anliegen vorzutragen. Selbst durch das Gebet seiner Schüler lässt er seine Bitten unterstützen. Er selbst bietet sich von neuem zu den niedrigsten Arbeiten an und bittet, bis zu seiner Abberufung in den untersten Klassen des Gymnasiums unterrichten zu dürfen. Die Antwort des fast achtzigjährigen Generals, der schon über fünfzehn Jahren den Jesuitenorden leitete, war eine großartige Anerkennung Jeningens, als eines echten Sohnes der Gesellschaft Jesu, der würdig sei, unter die Professen aufgenommen zu werden. Sein Brief enthält jedoch auch den Hinweis darauf, dass Jeningens Gesundheit für die Arbeit in der Mission wohl nicht stabil genug sei. Vielleicht waren damals schon seine Bruch- und Gallensteinleiden aufgetreten. Jeningen aber, der sich von Gott für die Heidenmission berufen glaubte und durch die Gottesmutter zu wissen meinte, dass ihm noch ein langes Leben bevorstünde, ließ sich durch das Schreiben des Ordensgenerals nicht davon abhalten, in Rom weiterhin demütig um die Entsendung in die Mission zu bitten.

Hochwürdigster Vater in Christus!

Pax Christi!

Da ich den geringsten Dienst in der Gesellschaft Jesu höher schätze als alle Würden der Welt, so kann ich mich kaum fassen vor Freude darüber, dass Eure Paternität mich gütigst zu den feierlichen Gelübden zugelassen haben. Ich erschrecke zwar vor meiner Unwürdigkeit, aber meine Liebe zur Gesellschaft überwindet alle Furcht. Lange habe ich überlegt, mit welchen Worten ich danken solle. Ich konnte keine Worte finden und schwieg. Nachdem sich mir aber im Gebet das menschgewordene Wort gleichsam als Gefährten zum Betteln anbot, sage ich mit diesem unermesslichen Worte meinen unendlichen Dank. Bettler danken aber, um durch den Dank neue Wohltaten zu erlangen und wie ein Bettler ein armes Brüderchen auf den Armen trägt, um dadurch die Vorübergehenden zum Mitleid zu bewegen, so klopfe ich weinend, zusammen mit dem weinenden, in Windeln eingewickelten Jesuskind, bei Eurer Paternität an und bitte demütigst durch Jesus und Maria, dass meine jahrelangen, in voller Ergebung vorgetragenen Bitten um die Mission in Indien, China oder Japan Erhörung finden. Während ich aber Eurer Paternität mit zehntausend Tugendakten ein glückseliges neues Jahr erflehe, mögen auch Sie sich würdigen, durch Gewährung meiner Bitte, mich fortan glücklich zu machen. Wenn sich im Augenblick keine Gelegenheit zur Aussendung bietet, mögen Eure Paternität mir doch die Gnade gewähren, dass ich, wie ich schon drei Jahre und jetzt das vierte in der untersten Schulklasse unterrichte, solange fortfahren darf, die Anfangsgründe und den Katechismus zu lehren, bis ich durch die unschuldigen Bitten der Kleinen von Ihnen erreiche, worum zu bitten Gott mich ständig treibt und drängt. Bin ich auch in dieser Gunst unwürdig, so mögen Eure Paternität sie den Unschuldigen gewähren, die für ihren Lehrer mit dreihundert Rosenkränzen bei Ihnen eintreten. Erfüllen Sie den Wunsch dem weinenden und für mich bittenden Jesuskind und Maria, die Eurer Paternität ein glückseliges Jahr bescheren mögen.

Dillingen, 24. Dezember 1676.

Euer Paternität unwürdigster und geringster Sohn

Philipp Jeningen

Als Philipp Jeningen hörte, dass ein deutscher Jesuit für die Mission in Brasilien gesucht wurde, schrieb er im Herbst 1677 nach Rom. Obwohl dieser Brief verloren ging, wissen wir aus der Antwort des Ordensgenerals vom 3. Oktober 1677, dass ihm Jeningen geschrieben hatte, er sei durch himmlische Tröstungen wiederholt gestärkt worden und fühle sich zu härtesten Arbeiten angetrieben. Oliva drückte ihm seine Freude darüber aus und ermunterte ihn, weiterhin die Jugendarbeit im Kolleg als sein Indien und als Noviziat für die große Reise in die Mission zu betrachten. Wie schmerzlich wäre es für Jeningen gewesen, vom General zu erfahren, dass er ihn namentlich für die Mission in Brasilien vorgeschlagen habe, der Provinzial der oberdeutschen Jesuiten die Entsendung jedoch aus gesundheitlichen Gründen ablehnte.

Da er fest davon überzeugt war, von Gott berufen zu sein, in außereuropäischen Ländern zu missionieren, wurde Jeningen nicht müde, die Ordensleitung weiterhin darum zu bitten, ihn dorthin zu senden.

Hochwürdigster Vater in Christus!
Pax Christi!

Da ich anerkenne, der größte Sünder und Geringste unter allen Sterblichen zu sein, kann ich mich nicht genug über die unbegrenzte Güte Gottes wundern, in der er mich trotz meiner Unwürdigkeit ständig mit himmlischer Gnade zur Bekehrung der Heiden ruft. Den Keim dieser Berufung hat Gott schon in der Jugend tief in mein Herz gesenkt, hat ihn im Noviziat durch einen besonderen Antrieb aufgehen und in den folgenden sechzehn Jahren ständig so wachsen lassen, dass der Beruf durch alle Schwierigkeiten nur erstarkte. Darum lebe ich in einem so festen Vertrauen, ich werde meinen Wunsch erfüllt sehen, dass ich sagen möchte: Hätte ich hundert Jahre zu leben und deren neunundneunzig, so wie bisher nur neun, im Unterricht der Jugend verbracht, so bliebe ich doch fest überzeugt, dass ich im letzten, hundertsten Jahr vom allgütigen Gott in die Lande des heiligen Franz Xaver weggeholt würde. Und wenn ich jetzt halb tot darniederläge, wenn der Weg ganz von Waffen, Feinden und Dornen versperrt wäre, wenn die ganze Welt und die Hölle dazu sich entgegenstellten, so würde ich dennoch im Vertrauen auf Gott und den Willen Eurer Paternität den glücklichsten Ausgang erwarten. Um diesem mächtigen und andauernden Ruf Gottes Folge zu leisten, habe ich mich schon mehrmals brieflich an Sie gewandt und in kindlicher Einfalt meine Berufung dargetan, den Christus, die seligste Jungfrau und die Himmelsbewohner bestärkt haben. Ich hätte es nun nicht mehr gewagt, nochmals an Sie mit dieser Bitte heranzutreten, aber ein innerer Antrieb des göttlichen Willens gebietet mir, dass ich unter dem Schutzmantel der seligsten, in den Himmel aufgenommenen Jungfrau Maria mich von neuem mit meiner Bitte an Eure Paternität demütigst niederwerfe, in der Gewissheit, dass Sie der dreimal wunderbaren Mutter nichts abschlagen können, und im Bewusstsein, dass ich selber nie etwas durch die hehre Gottesmutter begehrt habe, was nicht den besten Erfolg gehabt hätte. Dies schreibe ich unter vielen Tränen und unter Hinweis auf meine früheren Bitten. Demütigst werfe ich mich immer wieder vor Eurer Paternität nieder und werde nicht eher aufstehen, als bis Ihr Segen zur Abreise mich aufgerichtet hat. Ich würde vor der Reise auch nicht zurückschrecken, falls sich gerade keine Gelegenheit für jene Länder bietet, wenn ich unterdessen in Portugal in der Küche helfen oder Elementarunterricht erteilen darf, bis mir die Erlaubnis gegeben wird, ohne jedes Reisegeld in das Land des heiligen Franz Xaver zu ziehen. Es wird mir auch nicht an Kraft und Gesundheit für eine solche Reise fehlen, habe ich doch vor acht Jahren von Gott die Gesundheit wiederum erhalten, um in der Berufung treu und unentwegt zu beharren. Damals habe ich schon den unglücklichen Ausgang jener Missionsbegründung vorausgesagt unter namentlicher Bezeichnung unserer Missionare, der Patres Beat Amrhyn und Adam Aigenler. Wie ich über sie getrauert habe, noch bevor ihr Tod bekannt geworden war, so bitte ich wiederum inständig durch die Heiligste Dreifaltigkeit, durch die seligste Jungfrau Maria, durch unseren heiligen Vater Ignatius und den heiligen Franz Xaver: lassen Sie mich ins Meer werfen, so wird es beruhigt und der erbitterte höllische Feind des heiligen Franz Xaver wird, an mir armseligsten Menschen ermattet und beschämt, auf Gottes Geheiß gezwungen, die Nachfolgenden glücklich reisen zu lassen. Wie nun ferner ein Vater seinen Sohn nicht hartnäckig oder unbescheiden schilt, wenn dieser, dem Verhungern und Verdursten nahe, um Brot oder Trank bittet, so werden auch Eure Paternität mich nicht für unbescheiden halten, da Gott selber solchen Hunger und Durst nach Leiden für Christus in mir geweckt hat, dass ich bald davon verzehrt zu werden fürchte, wenn er noch zunimmt und nicht durch Eure Paternität gestillt

wird. Dennoch will ich tausendmal lieber verhungern oder verdursten, will lieber lebendig verbrannt oder in tausend Stücke gerissen werden, als dass ich, sei es auch in der besten Sache, entgegen dem Wink des Gehorsams dem eigenen Willen folge. In dieser Gesinnung will ich bis zu meinem letzten Atemzug verbleiben, den ich mit aller Bereitwilligkeit und vollem Gleichmut demütig in die Hand Gottes und Eurer Paternität empfehle.
Dillingen, aus dem Schutzmantel der seligsten in den Himmel aufgenommenen Jungfrau Maria 1678.

Euer Paternität unwürdigster und geringster Sohn
Philipp Jeningen

General Oliva antwortete Jeningen am 10. September 1678, sein ehrenvolles Anerbieten sei Gott sicher überaus angenehm, er habe aber kein geringeres Verdienst, wenn er auf seinem Posten ausharre, bis Gott ihm Kraft und den Oberen die Möglichkeit gebe, ihn in die Mission zu senden. Obwohl im folgenden Jahr Missionare nach Mexiko und auf die Philippinen entsandt wurden, gehörte Jeningen nicht dazu. Er nutzte jedoch den Ausbruch der Pest in Wien, um sich zur Pflege der Kranken anzubieten und aufs neue um Entsendung in die Mission zu bitten. In seiner Antwort auf den verlorenen Brief Jeningens drückte ihm Oliva darüber seine große Freude aus.

Ergreifend ist der Brief, den Jeningen am 2. Februar 1686 nach Rom sandte, und die Art, wie er seinen Schmerz zum Ausdruck bringt. Für ihn war es wirklich ein Martyrium, das er nicht Missionar und Martyrer werden durfte, obwohl er unermüdlich seine Ordensoberen darum bat. General Noyelle antwortete ihm am 2. März, er sei gerne bereit, seinem Wunsche zu entsprechen, wenn er erkenne, dass es zur Ehre Gottes gereiche, Europa seiner Arbeit zu berauben, und wenn sich die Gelegenheit biete, Missionare auszusenden.

Hochwürdigster Vater in Christus!

Bei den heiligsten Wunden Jesu Christi und beim reinsten Herzen der seligsten Jungfrau Maria, das am Feste der Reinigung ein Schwert durchbohrte, bitte ich demütig und inständig, Eure Paternität möge die Wunden heilen, die in meinem Herzen bluten, weil meine Berufung zur Bekehrung der Heiden keine Verwirklichung findet. Welch ein Martyrium, nicht Martyrer sein zu können!
Erweisen sich Eure Paternität als Vater und erhören Sie doch nach so vielen Jahren den Sohn, der tausendmal und immer wieder um der heiligsten Wunden Jesu Christi und um des verwundeten Herzens der seligsten, reinsten Jungfrau Maria willen in Ergebenheit, Unwürdigkeit, Gleichmut unablässig ruft.
Ellwangen, aus dem Innersten der seligsten Jungfrau Maria und ihrem vom Schwert durchbohrten Herzen, am Fest ihrer Reinigung 1686.

Euer hochwürdigsten Paternität
geringster und gehorsamster Diener
und Sohn in Christus
Philipp Jeningen

Nach einem kurzen Generalat war Karl de Noyelle am 12. Dezember 1686 gestorben. Am 6. Juli 1687 wurde Tyrsus Gonzalez zu seinem Nachfolger gewählt. Mitten in seiner seelsorgerischen Tätigkeit unterbreitete ihm Jeningen noch im selben Jahr sein Herzensanliegen. Der neue General war ergriffen von den inständigen Bitten des Volksmissionars und schrieb auf dessen Brief die Bemerkung: »Dieser eifrige Mann verdient, dass seine Wünsche erfüllt werden. Sobald aus Deutschland oder Italien Jesuiten für die Mission in China oder Japan bestimmt werden, möge er erwählt werden. 1. Jan. 1688.« Jeningen selbst freilich konnte er am 10. Januar 1688 keine Zusage geben, stellte ihm aber das großartige Zeugnis aus, dass er bereits in Deutschland durch seine unermüdliche Tätigkeit und als echter Missionar sein Indien gefunden habe.

Hochwürdigster Vater in Christus!

An einem glücklichen Tag und unter dem Schutz der seligsten Jungfrau Maria, die heute im Tempel dargestellt wurde, erscheine ich vor Eurer Paternität mit meinem ersten demütigsten Brief als letzter Ihrer Söhne. Viele Briefe, die ich seit vielen Jahren geschrieben habe und mit Tränen benetzte, konnten in Rom meine Entsendung zur Bekehrung der Heiden nicht erwirken. Dieser Brief nun soll nicht Tinte aus der Feder, sondern ein ganzes Meer von Tränen fassen, soll aus dem heiligen Lande Jesu Christi seine heiligsten Tränen, den Blutschweiß vom Ölberg, das kostbare Blut aus all seinen heiligsten Wunden zu Hilfe nehmen, soll die Süßigkeit des Mutterherzens der seligsten Jungfrau Maria, die heißen Tränen des heiligen Ignatius, den Schweiß und die Mühen des heiligen Franz Xaver, die Blutstropfen aller heiligen Martyrer sich zu eigen machen, und soll mit der Übermacht solcher Tränen, solange ich lebe, unaufhörlich reden, bitten, flehen und mir endlich den ersehnten Weg zur Bekehrung der Heiden öffnen. Doch bleibt mir kein Weg erwünschter und sicherer als der, den mich die Verfügung des heiligen Gehorsams und der vollste Gleichmut der Seele führen wird, wie ich schon das achte Jahr als Seelsorger und auf ständigen Missionen hier tätig bin.

Mehr wage ich nicht vorzubringen, aber es möge für mich bei Eurer Paternität sprechen die seligste Jungfrau Maria, die gebenedeite Mutter Gottes. Täglich beim Englischen Gruß, besonders aber abends beim Gebetläuten mögen die Glocken Roms nach der Erinnerung an die Toten auch für mich sprechen, damit Eure Paternität nicht nur der verstorbenen Christgläubigen gedenken, sondern sich auch meiner erbarmen und mir, dem Ärmsten, der auf den Boden hingeworfen tausendmal für die Bekehrung der Heiden fleht, dafür und für mein ganzes Leben Ihren wirksamen Segen gewähren.

Ellwangen, unter dem Schutz der seligsten Jungfrau Maria, am Fest Mariä Opferung.

21. November 1687.

Euer hochwürdigen Paternität
letzter, unwürdigster Sohn
unbedeutendster und geringster Diener
Philipp Jeningen

Drei Briefe, die Jeningen in den folgenden Jahren an den Ordensgeneral schrieb, sind verlorengegangen. Aus den Antworten von Gonzalez können wir in etwa ihren Inhalt erschließen. Am 14. Mai 1695 schrieb er an Jeningen, so lobenswert sein Eifer für die Mission in außereuropäischen Ländern sei, sei er doch nunmehr zu alt, um dorthin gesandt zu werden. Zudem sei es mehr zur Ehre Gottes, wenn er in seiner Heimat seine seelsorgerische Tätigkeit fortsetze. Durch unermüdlichen Einsatz und Gebet könne er auch dort den Heiden helfen.

Gleichzeitig hatte der Provinzial der oberdeutschen Jesuitenprovinz, Friedrich Ininger, sich für Jeningen eingesetzt und ihn mit anderen namentlich für die Missionen empfohlen. Aber auch ihm antwortete der General, dass Jeningen dafür nun zu alt sei. Als Jeningen dies erfuhr, drückte er seinen tiefen Schmerz darüber aus, dass man ihn jetzt für zu alt erklärte, nachdem er jahrzehntelang gebeten hatte, in die Mission gesandt zu werden. Am 2. Juli 1695 tröstete ihn Gonzalez, er brauche dies nicht zu bedauern, wie wir nie eine Fügung Gottes beklagen sollen, der für den Weinberg der Heiden sorgt, aber auch Deutschland seines unermüdlichen Eifers und seiner apostolischen Tätigkeit nicht berauben wollte. Er möge also in seiner seelsorgerischen Arbeit fortfahren und den Heiden durch sein Gebet und sein heiliges Opfer zu Hilfe kommen.

Jeningen konnte sich darüber nicht beruhigen. Am 21. November 1696 hatte er zwei Briefe in anderen Angelegenheiten an den General geschrieben und darin seinen Herzenswunsch, in die Mission gehen zu dürfen, erneut zum Ausdruck gebracht. In seiner Antwort wies Gonzalez auf die schon getroffene Entscheidung hin und wünschte ihm den Segen Gottes und dessen Gnade sowie Gesundheit für seine Tätigkeit.

Nachdem Jeningens Bitte von der Ordensleitung wiederholt abgelehnt worden war, wagte er es vorläufig nicht mehr, sein Anliegen vorzutragen, obwohl er Ende 1697 wegen einer Ablassbewilligung für die Kirche auf dem Schönenberg an General Gonzalez schrieb. Dennoch konnte er sein Gelübde nicht vergessen, von seiner Seite alles zu tun, um dem heiligen Franz Xaver in die Mission folgen zu dürfen. Als ihm jedoch am 26. April 1701 bei der morgendlichen Betrachtung Karl Barzäus, ein Gefährte Xavers in Indien, erschien, fühlte er sich von neuem dazu angeregt, um die Erfüllung seines Herzenswunsches zu bitten. Begütigend antwortete ihm sein Provinzial Andreas Waibl, an den er sich zuerst gewandt hatte, er möge überzeugt sein, in seiner Missionstätigkeit nicht weniger geleistet zu haben als Barzäus in Indien. Am 15. August, dem hohen Fest der Mutter Gottes vom Schönenberg und dem Gründungstag des Jesuitenordens auf dem Montmartre in Paris, schrieb Jeningen zum zwanzigsten Mal nach Rom. In seiner Antwort drückte ihm der General erneut seine Freude und Hochschätzung aus und erklärte, dass er wirklich nicht zögern würde, seine Bitten zu erhören, wenn nicht sein vorgerücktes Alter entgegenstünde und er sich ein Gewissen daraus machen müsste, ihn von der Arbeit abzuberufen, die er so erfolgreich verrichte.

Hochwürdigster Vater in Christus!
15. August.

O Himmelfahrt, Geburtstag heut,
So selig die Gesellschaft mein!
Ihr auserwählten Söhne, lebt
Dem Sohne und Maria treu!
Sich dreimal Pater Thyrsus freue
Der Söhne, die der Himmel liebt.
Sie selbst sich freuen immerdar,
Die Martyrer ob ihrer Leiden.
Von unsrer Mutter aufgenommen
Und mit dem Namen Sohn beschenkt.
Auf dem Berg der Martyrer
Das neue Leben sie begannen.

Beinahe sechzig Jahre alt, habe ich das erste Jahr des wahren Lebens noch nicht begonnen und doch trägt mich bei den Missionen die seligste Jungfrau Maria vom Schönenberg in Ellwangen, die Königin der Martyrer, schon mehr als zwanzig Jahre in ihrem Mutterschoß. Am Feste der Himmelfahrt Mariens aber dränge ich mit neuem Ungestüm zu meiner Geburt. Dann endlich werde ich das Licht erblicken, wenn Eure Paternität geruhen, mich unwürdigen, langjährigen Bewerber ins Land des heiligen Franz Xaver oder anderswohin zur Bekehrung der Heiden zu senden. Für alle Zeit will ich darum die Abmachung treffen: Wie viele Briefe auch (und von wem immer) an Eure Paternität gerichtet werden, ich füge allen bescheiden diese meine demütige, unablässige, dringende und ergebene Bitte bei, damit ich durch diese meine große Aufdringlichkeit, die aber voll heiligen Gleichmutes und kindlicher Ergebenheit ist, meiner so ersehnten Geburt teilhaftig werde, die mir Gott und die Gottesgebärerin anbefohlen haben.

Ellwangen 15. August 1701.

Euer hochwürdigen Paternität
unbedeutendster, willfährigster
unwürdigster, kleinster Diener
und Sohn in Christus
Philipp Jeningen

Philipp Jeningens Briefe an Ignatius Desiderius von Peutingen

Hochwürdigster, edelster, vortrefflichster, gnädigster Herr.

Ich kann nicht warten, sondern komme mit diesen Zeilen meinem hochwürdigsten Herrn entgegen, den mir unwürdigstem Diener, Christus Jesus so tief ins Herz geschrieben hat, dass ich eher das Leben als die überaus teure Erinnerung an ihn jemals verlieren könnte. Schon bei der ersten Begegnung mit Euer Hochwürden glaubte ich einen hervorragenden und wahren Sohn unseres heiligen Vaters Ignatius zu sehen, und ich bin auch jetzt noch überzeugt, dass Hochwürden einst im Himmel groß sein werden, nachdem Sie, in die Zahl der wahren Kinder Gottes eingereiht, den vielen Fallstricken dieser Welt entronnen sind. Da dies über alles geht, so brauche ich weiter nichts hinzuzufügen und mich nur demütigst zu empfehlen.

Ellwangen 15. Oktober 1680.

Des hochwürdigsten, edelsten, vortrefflichsten, gnädigsten Herrn
unwürdigster und geringster
Diener in Christus
Philipp Jeningen

Hochwürdigster und gnädigster Herr.

Unter den Schmerzen, die ich zu erdulden habe, ist dies einer der größten, dass das höchste Gut von mir und von vielen anderen auf dieser Welt so wenig geliebt und gelobt wird. Dennoch finde ich in dem allgütigen und allgegenwärtigen Gott Linderung und Trost in meinem Schmerz, wenn ich denke, wie Gott selbst sich vollkommen genügt und würdig liebt, wie er sodann auch bei seinem eingeborenen Sohn Jesus Christus die vollkommenste Liebe findet, sowie bei der seligsten Jungfrau Maria und anderen eifrigen Dienern Gottes im Himmel und auf Erden, deren Liebe zwar aus sich schwach und ungenügend, gleichsam ärmlicher Hausrat ist, aber überaus bedeutend wird in Vereinigung mit dem unermesslich reichen und göttlichen Erbe, den Verdiensten Jesu Christi und der seligsten Jungfrau Maria. In diesem Troste und inmitten jenes Leides habe ich mich in der Gegenwart Gottes, im Heiligtum der offenen Seite Jesu Christi und unter den Schutzmantel der seligsten Jungfrau Maria geborgen und stets mit großer Ehrfurcht zu Euer Hochwürden aufgeschaut und Sie mit ehrfürchtiger Liebe umarmt. Ja, ich umarme Sie jetzt und in alle Zukunft mit heiliger, unauflöslicher Liebe, da ich in Euer Hochwürden das Siegel göttlicher Liebe und wahrer Freundschaft finde. In dieser Gesinnung hört und spricht Euer Hochwürden so gern von Gott und göttlichen Dingen. Sie wissen, dass es für uns Menschen höchst angebracht ist, des allgütigen Gottes und Schöpfers nie zu vergessen, soweit das in unserer menschlichen Schwachheit möglich ist. Mit der heiligsten Mutter sei darum gepriesen und werde allzeit gepriesen der wunderbare, dreimal große Gott, in dem alle Dinge und die unermesslichen Schätze der Gnade ruhen und bereit stehen. In Ihm genießen Euer Hochwürden in Rom Freude und Trost. In Ihm erfreut uns hier in Ellwangen Ihr Trost, der auch der unsrige ist, und Ihr Glück betrachten wir wie unser eigenes Wohl. Was nämlich in demselben Dritten (in Gott) verbunden ist, das ist auch unter sich eins und verbunden. In diesem Sinne bin ich Ihr Diener in Rom, wie ich es bin und war in Ellwangen. Euer Hochwürden sind so glücklich die Füße des Heiligen Vaters und Hohenpriesters zu küssen, und ich stehe dahinter zu den Füßen meines Herrn und küsse, zu Boden geneigt, in Ehrfurcht die heiligen Spuren. Sie verhandeln mit den Purpurträgern, vor allem mit dem Ihnen bekannten teuren Kardinal, und ich stehe beschämt da ob meiner Armseligkeit und werfe in tiefster Demut und Bescheidenheit einen flüchtigen Blick auf jene, die ich nie vorher sah, und bald werde ich mit demütigem Blick vor allem den verehren, der mir den noch unbekannten Schatz heiliger Reliquien bringen wird.

Aber wohin lasse ich mich in meinem unermesslichen Gott treiben? Was schreibe ich da? Bei meiner Verpflichtung gegen Euer Hochwürden kann ich nie genug schreiben von meinem aufrichtigen Vertrauen und meiner ehrfurchtsvollen Liebe zu meinem hochwürdigen, gnädigen Herrn Desiderius Ignatius, der beim Besuch der heiligen Orte mit den bei Gott in höchster Gunst stehenden Personen verhandelt und verkehrt, der Loreto besucht und auch auf uns hier ein Übermaß von Freude überströmen lässt, da wir mit ihm schauen dürfen, was wir nie gesehen haben. So werden und wurden auch wir von dem allgütigen Gott und der himmlischen Jungfrau von Loreto heimgesucht. Sie selber hat dem erlauchten Fürsten von Ellwangen zur Abwendung aller Übel als neue Hilfe die Lauretanische Andacht in die Hand gegeben. Wie von selbst und ganz ohne Zwang eingeführt, wird sie ein angenehmer Weg und ein angenehmes Opfer sein, um Gott zu versöhnen. Der hochwürdigste Herr von Augsburg hat sie gebilligt und unsere Obern und Patres sprechen ihr Lob darüber aus. Dringend und demütig empfehle ich dies in das wirksame Opfer Euer Hochwürden als eine Sache, die in Zukunft von großer Bedeutung und großem Nutzen sein wird. Auch mich Unwürdigen und Armseligen empfehle ich darein und bete immer wieder, dass wir nach vollendeter Reise auch den dem Leibe nach wieder gesund sehen dürfen, den wir unserem Geiste niemals entschwinden lassen dürfen.

Ellwangen,

aus dem reinsten Busen der seligsten Jungfrau Maria, am Fest ihrer Reinigung 1683.

Hochwürdigster, edelster, gnädigster Herr.

In meinen beständigen, sehr starken Schmerzen ist mir die seligste Jungfrau Maria mit ihren heiligsten Schmerzen heute an ihrem Samstag ein großer Trost. Ihr Herz war ja ehedem alles Trostes beraubt und nicht nur auf Heu und Stroh hart gebettet, sondern von scharfen Schwertern ganz durchbohrt. Jetzt aber ist es im Himmel so glorreich wie einst auf Erden schmerzensreich.

Ein ganz eigenartiger, frommer, eingegossener und angenommener Schmerz ist jene große Liebe Gottes, von der diejenigen so sehr ergriffen werden, die Gott in seiner Güte besonders liebt.

Es gibt in dieser Welt keinen größeren Gewinn als aus Liebe zu Gott und zur seligsten Jungfrau Maria zu leiden und die Welt ständig zu verachten, die nicht leiden will und dennoch leiden muss und leiden wird in Ewigkeit. Wirklich gut sind Leiden, die das Herz und das Verhalten in Ordnung bringen und uns selber absterben lassen, damit das ewige Leben umso mehr in uns sich festige. Fest bleibt ja, was die standhafteste Mutter, die neben dem Kreuze stand, gefestigt und gestärkt hat, der beste Jesus, der nach dem Tod von der heiligsten Mutter in ein Grabtuch gehüllt und heute gezeigt wurde. Er gestattet, dass in dasselbe Grabtuch mit ihm auch der hochwürdigste, gnädigste Herr eingehüllt wird. Vielleicht will die heiligste Mutter kundtun, dass ihr Ignatius sein soll wie der heiligste Leib ihres geliebtesten Sohnes, der nach dem Tode zwar keine Seele mehr hatte, aber von der Gottheit dennoch nicht verlassen wurde.

Seien wir also wie der tote Leib, der sich behandeln und bewegen ließ, wohin die Mutter oder Nikodemus wollten. Lebend seien wir gleichsam ohne Leben, indem wir uns ganz der göttlichen Natur und Vorsehung überlassen. Christi Qualen waren wohl von den Menschen und Dämonen zugefügt, aber doch so, dass der himmlische Vater den Kelch der Leiden reichte und in ihm göttlichen Verdienst und Trost durch den Engel schenkte. Mag immer von Menschen und vom bösen Feind kommen, was Desiderius leidet, im Grunde bleibt und besteht doch fest die Tugend, die Hilfe Gottes und der Engel. So kommt es, dass die Gnade Gottes nie versiegt, noch je versiegen wird, dass Ignatius nie schwer gesündigt hat, noch jemals sündigen wird. So versichert zugleich mit dem gütigsten Jesus die liebste Mutter, die, wie ich früher sah, dem Haupte des Desiderius ein schönes Kränzchen aufsetzte und ihn jetzt zusammen mit ihrem ins Grabtuch gehüllten Sohn unterstützt und unterstützen wird. Amen, Amen, Amen.

Lauchheim, Samstag 22. Februar 1687.

Des hochwürdigsten, edelsten, gnädigsten Herrn
unbedeutendster, geringster
in frömmster Erinnerung immer gegenwärtiger
Diener in Christus
Philipp Jeningen

Unter dem Zeichen des heiligen Kreuzes, am Fest und unter dem Schutz des heiligen Michael, des starken Streiters gegen Luzifer für die Ehre Gottes und der Gottesmutter, wie für das Heil der Menschen, habe ich die neuen Waffen der Missionstätigkeit ergriffen, die Euer Hochwürden mir geliefert haben. Am Rosenkranzfest hat mich statt Speis und Trank das Heiligtum der seligsten Jungfrau Maria in Bühlerzell sehr erquickt, wo man mehr als elfhundert Beichten zählte. Hierauf nahm ich mir vor, längere Zeit in Zurückgezogenheit alle meine Kräfte zu sammeln, um mein eigenes Innere zu erobern, aber umsonst, weil ich entweder noch nicht gelernt habe, mich selbst zu bezwingen, oder weil es dem allgütigen Gott jetzt nicht gefiel. Ein plötzlicher Antrieb nämlich ließ mich am Samstag nach Dalkingen gehen. Mit Billigung und zur Freude des hochwürdigen Herrn Pfarrers eilte ich wie außer mir von Haus zu Haus und lud alle Bewohner mit Worten, die mir der Heilige Geist eingab, zur Buße und zur Hilfe für die armen Seelen im Fegfeuer ein. Ich fand so williges Gehör, dass am folgenden Tag nach der Predigt hundertdreißig heilige Kommunionen ausgeteilt werden konnten. Am Sonntagnachmittag legte ich den zahlreich herbeigekommenen Kindern und Erwachsenen die christliche Lehre dar. Wie aus einem Munde riefen am Schluss die Kinder mit andern: Zur größeren Ehre Gottes! Zur größeren Ehre Gottes!

In der Hoffnung auf weitere Ernte ging ich noch am selben Tag nach dem Dorfe Buch, wo viele Kinder und Erwachsene in der Kirche zusammenkamen, um das Brot des Wortes Gottes zu empfangen. Ich selber gewann, indem ich es ihnen reichte. Gestern, an einem Werktag, hörte ich in Schwabsberg die Beichten von dreiundvierzig Kranken, alten Leuten und andern bußfertig Gesinnten. Nach der heiligen Messe hielt ich Predigt und Christenlehre unter starker Beteiligung sowohl der Kinder wie der Erwachsenen. Ich bete die Vorsehung Gottes bei dieser Mission an, die einigen Seelen ihre göttliche Hilfe auf wunderbare Weise gleichsam aufgenötigt hat. Luzifer erhebt zwar Drohungen, da er vertrieben wurde, aber ich mache mir nichts daraus, solange ich nur in allem klein und in Wahrheit der Geringste unter den Geringen bleibe.

Welche Freude ist es für mich, mit dem leidenden und gekreuzigten Jesus Christus Euer Hochwürden auf Erden mit Dornen gekrönt, mit Nägeln durchbohrt und gekreuzigt zu schauen, Ihren Namen aber im Himmel vielfach eingeschrieben zu sehen. Man könnte sagen, es sei nur Einbildung, aber es ist doch erfreuend, wie mir die heilige Theresia Ihren Namen im Herzen Christi Jesu und Mariä eingeschrieben zeigte. Von ihr erbitte ich für mich eine noch größere Liebe zu Gott und zur seligsten Jungfrau Maria zum Heil der Seelen, aber Erleichterung und Hilfe für die armen Seelen im Fegfeuer, die jetzt wissen, wie nichtssagend alles ist außer der Liebe zu Jesus und Maria, welcher Verlust es ist, auch nur das Kleinste in der Verherrlichung Gottes zu vernachlässigen. Dass ich aber hierin nichts versäume, dazu empfehle ich mich demütigst tausendmal in das so wirksame heilige Messopfer, das Euer Hochwürden nie unterlassen mögen.

Ellwangen 14. Oktober 1687.

Hochwürdiger, erlauchter, gnädiger Herr!

Wir sehen die Heilige Stadt, das neue Jerusalem und die zwölf Tore vom Himmel herniedersteigen und mit dem zwölften Innozenz sich erfüllen und auftun. Seinen heiligen Segen schreiben wir nächst Gott und der Gottesmutter dem neuen, großen Sieg über die Türken zu. Aber wie sehr wir uns darüber freuen, so sehr hat ganz Ellwangen, besonders aber unsere Niederlassung und am allermeisten P. Philipp die neue Nachricht erschüttert, nicht von dem Erdbeben und dem furchtbaren Unwetter, das Innsbruck neuerdings heimgesucht hat, sondern die Nachricht, dass die Gesundheit Euer Hochwürden angegriffen sei. Ich habe immer gemeint, es könne mich kein Geschick außer Fassung bringen, aber ich gestehe, dass ich bei dieser Nachricht, von unsagbarem Mitleid und Schmerz ergriffen, gleich Job mit dem Herrn und der Gottesmutter im Kampfe lag.
Aber die Mutter der schönen Liebe und des Trostes, die mich nie verließ, versprach, in kurzem mir meinen hochwürdigen, geliebten und erlauchten Freund so gesund und heil wiederherzustellen wie nie zuvor. Dies erhoffe und glaube ich aufs bestimmteste, beklage aber doch in tiefstem Seufzen meine Sünden, denen ich mit Recht Ihre Krankheit zuschreibe, überzeugt, dass ich die Ursache des Unglücks bin. Bei Jesus und Maria bitte ich, dass Euer Hochwürden nicht gar zu hart gegen sich seien, und wenn Sie kein Erbarmen mit sich haben wollen, so erbarmen Sie sich wenigstens Ihrer Kirche und Ihrer Ellwanger Untergebenen, der Armen,

Witwen und Waisen, unserer Niederlassung und des armen P. Philipp, dem nach Gott, der Gottesmutter und den Heiligen Euer Hochwürden sozusagen der einzige Trost auf Erden ist. Viele Wochen habe ich den kranken, hochwürdigen Herrn Pfarrer von Stimpfach gepflegt. Wie tut es mir so leid, dass ich nicht sofort hinüberfliegen kann, um dem zu Diensten zu sein, für den ich selbst zu sterben bereit bin. Obgleich die Trösterin der Betrübten, die seligste Jungfrau Maria, mit ihrem geliebten Sohn, und die heiligen Engel und meine Heiligen, besonders der heilige Vater Ignatius und der heilige Franz Xaver mich vollkommen trösten, indem sie an meiner Statt Euer Hochwürden alle Hilfe versprechen, so lässt doch der Schmerz der Liebe und des heiligen Mitleids meine Tränen auf die Feder herniederfließen und unterbricht mein Schreiben. Ich sammle mich im heiligsten Herzen Christi Jesu und Mariä, in denen vieles, was ich weder schreiben noch aussprechen kann, der allgegenwärtige und allgütige Gott verleihen wird, in dem ich mit der ganzen Jesuitenniederlassung in tiefstem Mitleid, in der Ferne zwar, doch gegenwärtig verbleibe.

Des hochwürdigen
erlauchten
gnädigsten Herrn

Ellwangen, 11. September 1691

demütigster, für
seinen Herrn zu sterben
bereitester Diener in Christus
Philippus Jeningen S.J.

Hochwürdiger, erlauchter, gnädiger, Gott und der Gottesmutter teuerster Herr!

In diesem Tal der Tränen und in dieser Armseligkeit haben wir einen doppelten Reichtum zu Gebote und im Unglück wie im Glück eine doppelte Freude. Zu allererst die heiligste Gegenwart des besten, gütigsten, liebevollsten, geliebten Gottes. Er bleibt, wenn alles übrige vergeht, er verlässt uns nicht, wenn alles uns verlässt. Im allgegenwärtigen Gott besteht das Gegenwärtige, vergeht das Vergangene nicht und ist das Kommende gleichsam schon gegenwärtig. Nur eines ist ungenügend und betrübend, dass nämlich dieser Reichtum von mir und anderen nicht zäher festgehalten, nicht eifriger gesucht, dass das Vergangene nicht mehr beweint wird. Aber auch in diesem Ungenügen ist wiederum der höchste Reichtum die heilige Wesenheit Gottes selber, die, sich allein genug, sich selbst genugsam liebt. Zu diesem ersten Reichtum, der alles in sich schließt, kommt hinzu Christus Jesus im Himmel und im heiligsten Sakrament. Auch wenn wir ferne sind, ist er uns da ganz nahe. Es kommt auch hinzu eine doppelte Freude, die große Liebe der dreimal wunderbaren Mutter und die dauernde himmlische Huld der Himmelsbewohner. Wenn ich mich nicht mit Gewalt losreiße, werde ich ganz davon hingerissen. Doch wohin führt mich die Feder? Zu dem, der all das am besten versteht, zu dem, der Gott, Christus, Maria und allen Himmlischen am teuersten ist, dem ich, lebend oder tot, für immer ganz ergeben bleibe im allgegenwärtigen Gott, im Schoße der heiligsten Mutter Maria und aller Heiligen.

Ellwangen, 17. Oktober 1696.

Diesem Brief lag noch das folgende Schreiben bei, das von einem merkwürdigen Erlebnis eines Ordensmannes, mit dem wohl P. Philipp Jeningen gemeint ist, berichtet.

Hochwürdigster, Gott und der Gottesmutter teuerster Herr!

Ich schreibe hiermit noch etwas, was die Unbarmherzigen zur Barmherzigkeit, die Barmherzigen zu noch größerem Eifer in dieser Tugend bewegen mag. Im Juli dieses Jahres 1696 kam ein Ordensmann zu einem Pfarrer und nahm mit diesem an einem offenen Platz in der Nähe der Haustür das Mahl ein. Der betagte Pfarrer war ein guter Hirt seiner Gemeinde, offen und gerade, unbescholten, ein guter Wirtschafter, gegen Arme und Ordensleute sehr gastfreundlich, doch, wie man sagte, gegen gewöhnliche Arme, die täglich an die Türe klopfen, etwas hart. Man kann zwar eine solche Härte entschuldigen in Anbetracht der Unverschämtheit kräftiger und anderer Bettler; doch der Ordensmann entsetzte sich ins-

geheim, als eine arme Person, die nicht weit vom Tisch entfernt um Almosen bat, weggeschickt und vom Hund des Pfarrers zum Weinen und Schreien gebracht wurde. Der Mann Gottes wurde nachdenklich und dachte bei sich: Wenn aber in dieser Bettlerin die seligste Jungfrau um Almosen gebeten hätte? Er hörte auch eine innere Stimme sagen, dass es bald um Gesundheit und Leben des Pfarrers geschehen sei. Tatsächlich ergriff den sonst verdienten und schon hochbetagten Pfarrer bald darauf eine gefährliche Krankheit und brachte ihn im Monat Oktober dem Tode nahe. Gott fügte es, dass der genannte Ordensmann in das Pfarrhaus kam und den Kranken besuchte. Er wurde sehr freundlich aufgenommen und gebeten, zu bleiben. Da ihn aber dringende Aufgaben zum Heil der Seelen zum Weitergehen zwangen, gab der Gottesmann [erst] vom folgenden Tag an dem Kranken ein Triduum zum Heil seiner Seele. Hierauf kehrte er nach Hause zurück. Sehr müde vom zurückgelegten Weg und von der Arbeit, stand er am nächsten Montag nicht um vier Uhr auf, wurde aber durch eine deutliche Stimme beim Namen gerufen und geweckt. Er fragt, was man wolle, erhält aber keine Antwort. Bei genauem Nachdenken und Prüfen wird ihm klar, dass es nicht die Stimme eines Hausbewohners gewesen sei. Da fiel ihm ein, dass diese Stimme ganz der des kranken Pfarrers ähnlich war und er nahm an, dass dieser entweder gestorben sei oder ihm nahe legen wolle, auch in Abwesenheit ihm durch Gebet zu Hilfe zu kommen, da er nicht bei ihm sein könne. Zugleich wurde der Ordensmann innerlich gemahnt, was er zum Trost der Seele des Verstorbenen tun solle. Die Stimme wurde am Montag früh gehört, am Dienstag starb der Pfarrer, über dessen Seelenheil der Ordensmann die beste Hoffnung hat. Ich kenne diesen sehr gut. Er teilt dies hiermit mit und ich empfehle den Verstorbenen und alle armen Seelen herzlich Ihrem Gebet.

Briefe an verschiedene Adressaten

An einen Ordensmann von hoher Tugend

Zur größeren Ehre Gottes, Jesu und Marias, sowie zum Heil vieler Seelen, mögen Eure Paternität mir, Ihrem geringsten Diener, aus Liebe zu Gott, zu Jesus und der Gottesmutter durch die heiligen fünf Wunden Jesu Christi und sein heiligstes Leiden, sowie durch die Unbefleckte Empfängnis der seligsten Jungfrau Maria folgendes erflehen: In Bezug auf Gott und seine Heiligen: 1. einen großen Schmerz über die Beleidigungen Gottes; 2. Glaube, Hoffnung und Liebe immerdar; 3. einen ständigen Wandel in Gottes Gegenwart; 4. eine besondere Liebe zur seligsten Jungfrau Maria; 5. einen recht trauten Verkehr mit den Engeln und Heiligen. In Bezug auf mich selbst: 1. dass ich immer danach verlange, verachtet zu werden und zu leiden aus Liebe zu Jesus und Maria und dass ich Martyrer werde; 2. dass ich immer demütig sei; 3. dass ich niemanden gering schätze, noch voreilig urteile; 4. dass ich aufs genaueste keusch, arm und gehorsam sei; 5. dass ich stark sei an Leib und Seele nach Gottes heiligstem Willen und zum Nutzen des Nächsten.
In Bezug auf den Nächsten: 1. die Gnade, dem Nächsten, Gott, Jesus und die Gottesmutter ins Herz einzuprägen; 2. Ungläubige und Irrgläubige zu bekehren; 3. die Betrübten zu trösten; 4. durch die seligste Jungfrau Maria die Leiden des Leibes und der Seele zu heilen; 5. wirksam zu predigen und zu sprechen.
Dies alles verspreche ich, mir zu erlangen durch das Gebet Euer Paternität, da Sie Jesus und Maria wahrhaft lieben und ich mit Ihnen leide. Ich glaubte Ihre Schmerzen mitzufühlen, die aber der gegenwärtige Gott stets lindert und lindern wird. In ihm sind wir, wenn auch fern und unbekannt einander gegenwärtig, wie in den Wunden Jesu Christi und im Innersten der seligsten Jungfrau Maria. Damit ich Sie aber stets gegenwärtig habe, mögen Sie geruhen, mit eigener Hand die heiligsten Namen Jesu und Maria mit irgendeinem Sinnspruch und drei Kreuzen unter meinen Brief zu setzen. Darum bitte ich demütigst und inständigst.

Ellwangen, in den Wunden Jesu Christi und im Innersten der seligsten Jungfrau Maria, auf dem Schönenberg, 24. September 1680.
Euer hochwürdigsten Paternität
geringster, unbedeutendster
Diener in Christus

An P. Markus von Aviano OFMCap.

P. Markus von Aviano, der am 27. April 2003 selig gesprochen wurde, war in der zweiten Hälfte des 17. Jahrhunderts durch seinen wundertätigen Segen in ganz Europa berühmt und spielte als päpstlicher Gesandter am kaiserlichen Hof in Wien eine bedeutende Rolle. Wie aus dem Brief P. Jeningens hervorgeht, hatte er den Kapuzinerpater, wahrscheinlich 1682, in Ellwangen kennen gelernt, als dieser die Stadt besuchte und auf dem Schönenberg predigte. Beide standen auch später miteinander in Verbindung. Noch 1692 sandte P. Markus durch den Fürstpropst Ludwig Anton eine Nachricht an Philipp Jeningen, der darauf antwortete. Diese Briefe sind jedoch nicht mehr erhalten.
Der Brief Jeningens von 1689 ist nach Augsburg gerichtet, wo sich Markus von Aviano damals vorübergehend aufhielt. Die mystische Gottesliebe P. Jeningens äußert sich wieder, wie wir schon in seinen Briefen an von Peutingen gesehen haben, in einem tiefen Schmerz über die Beleidigungen Gottes, so dass er wünschte, um seiner Brüder willen selbst verdammt zu sein, um sie aus der Verdammnis zu retten gleich Mose, der lieber selbst aus dem Buch des Lebens gestrichen sein wollte, als dass sein Volk zugrunde ging (Ex 32,32). Der Brief spricht auch für die damaligen traurigen Verhältnisse durch die ständigen Kriege. Die furchtbaren Leiden der Zeit mussten das Herz P. Jeningens erschüttern. Begreiflich, dass er in dieser Not um den Segen des bekannten Kapuziners bittet.

Sehr hochwürdiger, gottesfürchtiger Pater,

ewig sei die Güte Gottes gepriesen, die Eure Paternität als mächtigen Helfer nach Deutschland sandte, damit Sie die Last, die auf unsere Schultern drückt, tragen helfen oder ganz auf die eigene nehmen. Möchten Sie sich der Last nicht entziehen, die Christus selbst den Seinen auferlegt.

Unsere Sünden sind wahrhaft eine unerträgliche Last, unter der Christus selbst auf dem Kreuzweg zusammenbrach, und ich weiß, dass sie Eurer Paternität ein ständiges Martyrium bereiten, und dass Sie unter dieser Last ebenso dahinsterben, als Sie das höchste Gut beleidigt sehen. Ich schließe dies von mir selbst, dem größten Sünder, da es mich schon zuweilen wie in Todesangst zu lautem Schluchzen und Klagen zwingt, dass Gott, das Höchste Gut, sooft beleidigt und so wenig von den Menschen geliebt wird; ein so großes Gut, sage ich, in dem unser ganzes Sein begründet ist, in dessen Gegenwart und Liebe alle Güter zusammen in unermesslicher Fülle zu finden sind, die anderswo nur zerstreut und tropfenweise sich zeigen, ein so unermessliches Gut, sage ich wird nicht mehr ersehnt!

O wie schmerzt es mich, dass ich die Schuld und Ursache so großer, ja aller Sünden bin! Dieser große Schmerz veranlasst mich, Eure verehrungswürdige Paternität demütigst und inständigst um Ihre Hilfe und Ihr Gebet zu bitten, dass Sie mir beim allgütigen Gott die Gewährung folgender Gnade erwirken. Meine Bitte und mein Wunsch ist nämlich folgender: Es möchte mir, natürlich ohne Sündenschuld, alle Strafen der Hölle übertragen werden, wenn es dadurch möglich wäre, dass durch dieses Leid ich und die ganze Welt gebessert werden oder auch nur eine einzige Sünde ungeschehen bleibt, die sonst geschehen würde.

Manche meinen, dies sei Unsinn und Einbildung. Aber ich fühle in mir wirklich dieses Verlangen. Wenn die Verdammten durch freie Wahl sich in diese Qualen hineinstürzen und gezwungen darin ewig gepeinigt werden, so muss es auch gestattet sein, ohne Sünde und aus Liebe zu Gott freiwillig eine solche Strafe auf sich zu nehmen, wenn nur der allgütige, unermessliche Gott dadurch geliebt und nicht weiter beleidigt wird.

Schon lange ist dies mein Wunsch. Anlässlich des Geburtstags der seligsten Jungfrau Maria und des Gedächtnistages ihres heiligsten Namens

erwacht in mir ein gewaltiges Verlangen, dass die ganze Welt bekehrt würde. Deutschland öffne deine Augen, betrachte und fühle die Pest, die Verhungerten, die gezückten Krummsäbel, die bitteren Heimsuchungen und die Brandstätten.
Dass doch nach diesen Strafen eine ernste Besserung folgte, die verabscheuungswürdigen Missbräuche abgeschafft und nüchterne Keuschheit, deutsche Treue, glühender Eifer, heiliger Friede, wahre Gottes- und Nächstenliebe wieder aufblühten!
Doch in diesen Anliegen, die fast zum verzweifeln sind; bleiben unsere Hoffnung Jesus und Maria und mir bleibt der Trost, den sie mir durch Euer Paternität gegeben haben.
Jesus und Maria und die Heiligen des Himmels mögen sich unserer Klagen erbarmen. Jesus und Maria erheben ihre Hände und ergreifen damit Ihre ihnen so teuren Hände, um uns die Fülle des Segens zu spenden.
Es möge uns also segnen mit ihrem lieben Kinde die gebenedeite Jungfrau Maria und Eure Paternität mögen mit ständigem Segnen nicht müde werden. Einen größten Segen mögen Sie unserem Kaiser Leopold spenden, der mit allen Tugenden gekrönt und erhaben ist gleich David, einen ähnlichen Segen mögen Sie unserem ganzen Deutschland spenden, besonders aber unserem erlauchten Fürsten von Neuburg, dem Großmeister des Deutschherrenordens, der soeben im vergangenen Monat August zum Fürstpropst von Ellwangen erwählt wurde, sowie unserem ganzen Vaterland und unserem Ellwangen.
Endlich bitte ich um Ihren besonderen Segen täglich gegen neun Uhr morgens für mich selbst, den größten Sünder, wegen meiner Unzulänglichkeit, und für alle, zu denen ich komme. So werde ich, von Gottesliebe entflammt, im Dienste Gottes und des Nächsten niemals nachlassen, mich und viele andere zu bekehren. So bitte ich immer und immer wieder durch Jesus und Maria demütigst und inständigst, wie um alles, was Gott wohlgefällig ist.
Ellwangen, in der Oktav der Geburt der seligsten Jungfrau Maria und am Gedenktag ihres heiligsten Namens, 11. September 1689.
Für immer der unwürdige Schüler Eurer verehrungswürdigen Paternität küsse ich in tiefster Verehrung nicht bloß Ihre Hände, sondern auch in Wirklichkeit den Boden, auf dem Sie einst hier standen und verweilten.

Ihr unwürdigster Diener in Christus
Philipp Jeningen, Soc. Jesu oder ein großer Sünder

Die beiden folgenden Briefe an den Grafen Notger Wilhelm von Wallerstein und eine Pfarrei hat P. Philipp Jeningen in deutscher Sprache geschrieben. Da sie trotz des altertümlichen Stils gut zu verstehen und ein anschauliches Beispiel für die damalige deutsche Sprache sind, werden sie hier als Faksimile und im ursprünglichen Text wiedergegeben.

Hochgebohrner Graff

Gnädigster Graff und Herr etc.

Von der Allerheiligsten Dreyfaltigkeit, auß der Allerheiligsten Seiten JESU Christi, und allen Blutwürdigen heiligsten Wund-mahlen, auß dem himmlischen Gnadenvollen Schutzmantel Mariae, durch Beystand aller heiligen Engel, wie auch durch hilff aller lieben Heiligen Gottes, insonderheit der H.H. drey König Caspari, Melchioris, Balthasaris, S. Antonij de Padua, und Catharinae Senensis die Allerherzinnerlichste glückseeligste Ostern, und unzahlbarer himmlischer Gaben underschiedlichster Crönung etc.

Mein JESU und Mariae Herz, lindert, mindert mir allen Schmerz. Wie dann solches mich höchst erfreüet, alß nach vielen meinen heimlichen, seufftzgen, bitten und betten, ich erhalten und vernommen, daß Ihr Hochgräffl. Excellenz von dem Allerhöchsten

von der Allerheiligsten Mutter Gottes und ganzen Himmel zur
gnädigsten Herrschafft zur hohen Balldeg außerlesene Treüen.

Andere diener dienten Ihr Hochgräffl. Excellenz auff in dem
Hochgräfflichen Wohnungen, Ich aber unablässlich in dem Aller-
heiligsten Schloss, Statt und Wohnung, in dem H. Hertz
JESU Christi, und heiligsten Töchtung und Schoss Maria.
Andere tragten, und tragen die junge Hochgräffliche Herrschafft
mit freüden auff den armben, ich aber umbfange sie stetts
mit den Allerheiligsten armben JESU und Maria, völligster
Hoffnung, daß durch solche die Ihr Bitten Maria und
Allerheiligen stetts handtfertig erhalten und erhalten würden
werden. So vast aber mich dieses alles erfrewet, so sehr hat
mich in geistlichen stetts gebett, und gröste sorgen gestellt, ein
gehabtes Kinsstrach, da Ihr Hochgräffl. Excellenz zur Zeit
dess traurigen Kriegs mit der jungen Hochgräffl. Herrschafft nacher
zu dem Rein verreißet; Es verwahrte mich nemblich der
fromme Dominicus à JESU Maria, zugedenckhen, daß ich in
seinem leben längsten verstanden hatte, und daß die junge
Hochgr. Herrschafft in grosser lebensgefahr stehen würde, so fern

Hochen Balldern von dem Tod so unangenemmen gemacht, und dahero mit würckl-
geminigest werden. Schlagte solches lang auß für ein einfältiges ein-
raht, oder einbildung, vermeinend mit gebett und anderer kräfftiger
zurbitt solches abzuwenden. Aber der gröst schmertz ist mir zu-
gangen, alß ich vernommen wie der ein junges Hochf. Fräulein mit todt
abgangen, welches indeß den Engeln zugesellet seiniges tags mich
ermahnet kein schaich zutragen, und an statt seiner den Gnädigsten
Herrn Vatter demüttigst bittlich zu ersuchen zur Grossen aufnahm
und ablaindungs seiner und Ihrer Hochl. Hochen Balldern gantz zu einige
Alß alles auf demüttigste unaufhörlich bittliches geistlichistes einfältig
unterthänigstes gemüt zu Hochen Balldern, auß dem allerheiligsten Schloß
und unter JMJ Christi, und Maria Gnadenreichisten Schutz Mantel
den 27 Martij 1690.

Ihr Hochgräfflichen Excellentz

P. S.

Hochen Balldern ist zu einem Eigenthaft
und Hoher Göttlichen dahero außerwehltes
Also glaub ich festiglich

demüttigster in JMJ und Maria
stetts dienstlund gebetts befliessenister
schuldigster Diener
Philippus Jeningen S. J.
Ordre
Peccator Ingens.

Hochgebohrner Graff
Gnädigster Graff undt Herr etc.

Von der Allerheiligsten Dreyfaltigkeit, aus der Allerheiligsten Seiten JESV Christi, vndt allen Glorwürdigen, heiligsten Wundmahlen, aus den himmlischen Gnadenvollen Schutzmantel Mariae, durch Beystandt aller heiligen Engel, wie auch durch Hilff aller lieben Heiligen Gottes, Jnsonderheit der H.H. Drey König Caspari, Melchioris, Balthasaris, S. Antonij de Padua, vndt Catharinae Senensis die Allerfreydenreichiste glückseligste Ostern, vndt unzaehlbarer himmlischen Gaben unverschwelchlicher Früeling etc.
Meins JESV und Mariae Herz, lindret, mindret mir allen Schmerz.
Wie dann solcher mich höchst erfreuet, als nach vilen meinen heimlichen, seuffzgen, bitten vndt betten, ich erhalten, vndt vernommen, das Ihr Hochgräffl. Excellenz von dem Allerhöchsten von der Allerheiligsten Mutter Gottes vndt ganzen Himmel zur Gnädigster Herrschafft für Hochen Baldern ausserwählet waren.
Andre Diener wartten Ihr Hochgraffl. Excellenz auff in den Hochgrafflichen Wohnungen, Ich aber unablasslich in dem Allerheiligsten Schloss, Statt vndt Wohnung, in dem H. Herz JESV Christi, vndt heiligsten Vöstung vndt Schoss Mariae. Andre tragten, vndt tragen die iunge Hochgräffliche Herrschaft mit Freiden auff den armben, ich aber umbfange sie stets mit den Allerheiligsten Armben JESV vndt Mariae, völligster Hoffnung, das durch solche die Ehr Gottes Mariae vndt Allerheiligen stetts handthebig behalten vndt erhalten würdte werden. So vest aber mich diss alles erfreuet, so sehr hat mich in geistliches stettes Gebett, vndt gröste sorgen gestellt, ein gehabtes Einsprechen, da Ihr Hochgräffl. Excellenz zur Zeit dess traurigen Kriegs mit der iungen Hochgräffl. Herrschafft nachent zu dem Rein verreisset; Es vermahnte mich nemmlich der fromme Dominicus à JESV Mariae, zugedenkhen was ich in seinem leben längsten verstandten hatte, vndt wie die junge Hochgr. Herrschafft in grosser Lebensgefahr stehn würde, so fern Hochen Baldern von den Gott so vnangenemmen gemahlen [= Gemälden] vndt Sachen nit würde gereiniget werden. Schlagte solches lang aus für ein einfeltiges einfallen, oder einbildung, vermeinent mit gebett vndt anderer

kräfftigen fürbitt solches abzuwendten. Aber der gröst schmerz ist mir zugangen, alls ich vernommen wie das ein iunges Hochgn. Herrlein mit todt abgangen, welches iedoch den Englen zugesellet heitiges Tags mich ermahnet kein scheich zutragen, vndt an statt seiner den Gnädigsten Herrn Vatter demüttigst bittlich zu ersuechen zur Grosser auffnahm vndt abwendtungs feur vndt viler Vbel Hochen Baldern, ganz zu reinigen. Diss alles auf demüttigsten vnauffhorlich bittlichen geistlichisten einfeltig vnverfälschten gemütt zu Hochen Baldern, auss der Allerheiligsten Schloss vndt Seiten JESV Christi und Mariae Gnadenreichisten Schutzmantel

den 27. Martij 1690

Ihr Hochgrafflichen Excellenz

Demüttigster in JESV undt Mariae

statts dienst vndt gebetts beflisssnister

schuldigster Diener

Philippus Jeningen S.J.

oder

Peccator Jngens.

P.S.

Hochen Baldern ist zu einem tugentorth

vndt Hocher Göttlichen Sachen auserwehlet

Allso glaub ich vestiglich.

Der folgende Brief wurde wohl vor dem 15. August 1583 an eine Pfarrei geschickt, um die Gläubigen zur dreißigtägigen Andacht (15. August bis 14. September) auf den Schönenberg einzuladen.

JESVS † MARIA 1 9

Seyen allzeit zu Gott unser Mittler!

Außerwöhlte in Christo dem Herrn:

Gott der himmlische Vatter, der den himmel mit grossen
gestirn, undt Glantz Zeichen beziert, hat MARIAM die
allerheiligste Mutter Gottes, undt himmels Königin noch mit
vil schöneren Glantz tugentsternen begnadet. Gleich wie
aber die heilige drey König von einem stern geführt, zu
Bethlehem erschinen, also Ihr lieb undt andacht von den Glantz
tugentsternen MARIÆ gezogen, haben sich schon mehr iahr
von dem 15 Augusti als MARIÆ himmelfahrt biss auf den
14 September, in den dreissig tägen, unser lieben Frauen
auf dem Schönenberg unser lieben Frauen fleissig eingefunden.
JESVS MARIA ziehe Ihr lieb undt andacht dises iahr
widerumb, das sie, gleich wie die stern in firmament, gar
häuffig durch andächtige, eiffrige, ernstliche Beicht, undt
Communion grossen glantz + von sich geben.
Die Stern aber halten ihren lauff ordentlich, also were
gut sagen, das auf bestimbten tag auffs wenigst 12 persohnen
die heilige Beicht undt Communion verrichten.
Jedoch, wan man wegen der weite, oder anderer ursach halber

+ der from Christ

an solchem tag verhindert, mag ein anderer beliebiger
tag auf den dreissigen erwehlet werden.

Alles zu grösseren ehr Gottes, und dess worts so fleisch worden, seiner allerheiligsten Mutter, und dess ganzen himmlischen heers.

Zur danckbarkeit für die empfangene guthaten, zu erlangung ferneren gnaden, und alles wohlstandts, wie auch zur abwendung aller übel.

Die heiligste Herzen JESU und MARIAE schliessen die abwesende, als gegenwärtige ein; [illegible] sein, denen ich widerumb und allzeit verbleibe

Ellwang vor MARIAE Himmelfahrt

Demüthigster diener
in Christo
Philippus Jeningen
S. J.

JESVS MARIA

Seyen allezeit zu Gott Vnsere Mittler!
Ausserwöhlte in Christo dem Herrn.
Gott der Himmlisch Vatter, der den himmel mit grossem gestirn, vndt zwelff Zeichen besezet, hat MARIAM die allerheiligste Mutter Gottes, vndt Himmels Königin noch mit vill schöneren zwelff tugetsternen begnadet. Gleich wie aber die heilige Drey König von einem stern geführt, zu Bethlehem erschienen, also Ihr Lieb vndt Andacht von den zwelff tugetsternen MARIAE gezogen, haben sich schon mehr iahr von den 15 Augusti alls MARIAE Himmelfahrth biss auf den 14 September, in den dreissig tägen vnser Lieben Frauen auf dem Schönenberg vnser Lieben Frauen fleissig eingefunden. JESVS MARIA ziech Ihr Lieb vndt Andacht diss jahr widerumb, das sie, gleich wie die stern in firmament, ganz häuffig durch Andächtige, eifferige, ernstliche Beicht, vndt Communion grossen Glanz der frombheit von sich geben.
Die Stern aber halten ihren lauff ordentlich, allso wird gut seyn, das auf bestimbten tag auffs wenigst 12 personen die heilige Beicht vndt Communion verrichten.
Jedoch, wan man wegen der Weite, oder anderer Vrsach halben an solchem tag verhindert, mag ein anderer beliebiger tag aus den dreissigen erwehlt werden.
Alles zu Grösserer Ehr Gottes, vnd dess Wortts so fleisch worden, Seiner Allerheiligsten Mutter, vnd dess ganzen himmlischen Heers.
Zur Danckhbarkheit für die empfangen guthaten, zu erlangung fernerer Gnaden, vnd alles Wolstandts, wie auch für abwendung aller übel.
Die heiligsten Herzen JESV vndt MARIAE schliessen die abwesente, als gegenwertige ein, ziechen sie, deren ich widerumb vndt allzeit verbleibe.

Ellwang vor MARIAE Himmelfahrt

Demüttigster Diener in Christo
Philippus Jeningen S.J.

Pater Philipp Jeningen fügte seinen Briefen gelegentlich Gedichte bei, von denen eines, datiert mit 20. November 1691, in deutscher Sprache erhalten geblieben ist und hier als Faksimile wiedergegeben wird. In lateinischer Schrift lautet es:

1. Nichts süessers alls die Süessigkeit
Nichts Schöners alls selbst die Schönheit.
2. Nichts bessers alls gut mit Gott sein,
Alls übertrifft, schäz, speiss vnd wein.
3. Der Lebensbrunn Mein herz anfillt,
Mein armut, durst vnd hunger stillt.
4. In finsternus Mein Liecht mir bleibt,
Melancholeij alls bös vertreibt.
5. Das ist mein nichtre trunckhenheit,
Lieben, gedenckhen Gott allzeit.
6. Diss vnd alls gibt Mein Gott vnd Herr,
Das ich begehr vnd er erhör.
7. Auch auf erd ist Gott Mein himmel
Stillt alls gwitter vnd getimmel.
8. Wan mein herz mit Gottes lieb brinnt,
Eittels verschwindt, mir nichts abgwinnt.
9. Mein augapffel vnd augen liecht,
Was ich nur sih, zu Gott mich ziecht.
10. Nur ein Gutt will ich vmbfangen,
Mit demutt vnd Gott stetts prangen.

1. Nichts fürtreffers alß die Nüchtigkeit.
Nichts schöners alß selbst die Schönheit

2. Nichts beßers alß gut mit Gott sein,
Alles übertrifft, schätz, fleiß und klein.

3 Der Lebens brunn Mein Herz anfüllt,
Mein armut, durst und hunger stillt.

4. In finsternüs Mein Liecht mir bleibt,
Melancholey alls böß vertreibt.

5. Das ist mein nüchtern trunckhenheit,
Lieben, gedenckhen Gott allzeit.

6. Diß und alles gibt Mein Gott und Herr,
daß ich begehr und er erhör.

7. Auch auf erd ist Gott Mein Himmel
Stillt alles gebitter und getümmel.

8 Wan mein herz mit Gottes lieb brinnt,
Alles verschwindt, mir nichts abgewinnt.

9. Mein augapffel und augen liecht,
Was ich mir sich, zu Gott mich zieht.

10. Nur ein Gut will ich umbfangen,
Mit demuth und Gott stets prangen.

Aufenthalts- und Wirkungsorte im Bild

Andreas Schaller

Das Geburtshaus von Philipp Jeningen in Eichstätt, wo er am 5. Januar 1642 zur Welt kam.

oben: Blick auf Eichstätt. Am 11. Juni 1672 wurde Philipp Jeningen im Dom (links) zum Priester geweiht. Von 1651 bis 1659 besuchte er das Gymnasium der Jesuiten bei der Schutzengelkirche (rechts).
unten: Das Jesuitenkolleg Schutzengel in Eichstätt, Ansicht von Südosten, Baubestand ab 1673, kolorierter Kupferstich von Gabriel Bodenehr d. Ä., zwischen 1734 und 1765.

Das ehemalige Jesuitenkolleg und heutige Canisius-Konvikt in Ingolstadt, wo Philipp Jeningen studierte. Von 1666 bis 1668 unterrichtete er am dortigen Gymnasium.

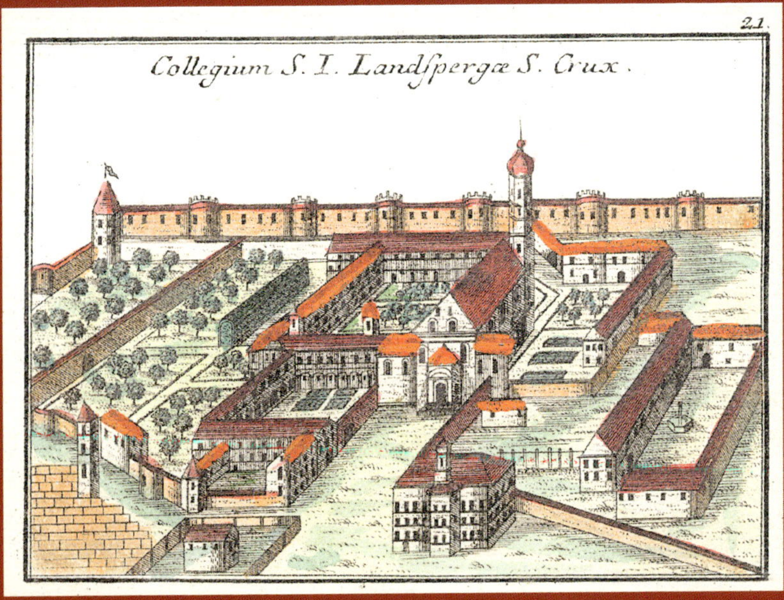

oben: Diese Ziegeltafel mit dem Jesuitenzeichen aus dem Jahr 1586 ist in die Stützmauer der Klosteranlage von Landsberg eingelassen.
unten: Das Jesuitenkolleg Heilig-Kreuz in Landsberg am Lech, Ansicht von Osten, Baubestand ab 1683, kolorierter Kupferstich von Gabriel Bodenehr d. Ä., zwischen 1734 und 1765.

In Landsberg am Lech begann Philipp Jeningen am 19. Januar 1663 sein Noviziat. Das Bild zeigt den »Mons sacra«, den heiligen Berg, mit der ehemaligen Jesuitenkirche. Das Gebäude im Vordergrund war jesuitisches Gymnasium und dient heute als Museum.

oben: Das ehemalige Gymnasium der Jesuiten in Mindelheim, wo Philipp Jeningen im Herbst 1664 und von 1673 bis 1675 unterrichtete. Das Gebäude ist heute Musik- und Volkshochschule.
unten: In Mindelheim legte Philipp Jeningen am 20. Januar 1665 die ersten Gelübde ab. Im Vordergrund ist die ehemalige Jesuitenkirche »Maria Verkündigung« zu sehen, links daneben schließt sich das ehemalige Kollegsgebäude an. Es beherbergt heute verschiedene Museen.

In der Mindelheimer Franz-Xaver-Kapelle, die zur ehemaligen Jesuitenkirche gehört, findet sich diese Darstellung des heiligen Franz Xaver, wie er den Indern predigt. Der Missionar war das große Vorbild von Philipp Jeningen.

oben: Die Gnadenkapelle von Altötting und die ehemalige Jesuitenkirche St. Magdalena (rechts). Sie ist heute Kapuzinerkirche.
unten: Das Jesuitenkolleg St. Magdalena in Altötting, Ansicht von Westen, Baubestand von 1721, kolorierter Kupferstich von Gabriel Bodenehr d. Ä., zwischen 1734 und 1765.

Das Gnadenbild von Altötting. Von 1672 bis 1673 verbrachte Philipp Jeningen sein drittes Probejahr in dem Marienwallfahrtsort.

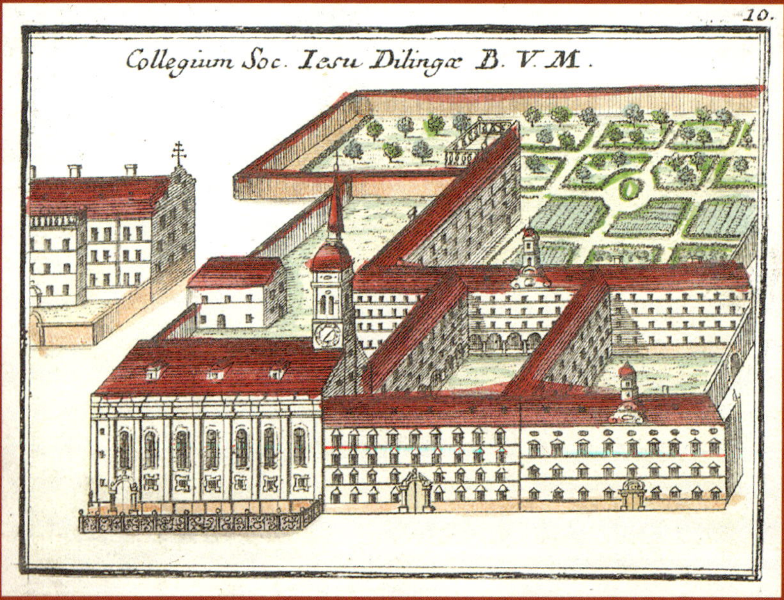

oben: Die ehemalige Jesuitenkirche und das ehemalige Jesuitenkolleg in Dillingen an der Donau, wo Philipp Jeningen von 1665 bis 1666 und von 1675 bis 1680 als Lehrer tätig war. Das Gebäude ist heute bayerische Lehrerakademie.

unten: Das Jesuitenkolleg Maria-Himmelfahrt in Dillingen, Ansicht von Süden, Baubestand ab 1738, kolorierter Kupferstich von Gabriel Bodenehr d. Ä., zwischen 1734 und 1763.

Das Portal des ehemaligen Jesuitenkollegs in Dillingen.

Die »Schwarze Madonna« von Echenbrunn bei Dillingen an der Donau. Das Gnadenbild wurde von Philipp Jeningen sehr verehrt.

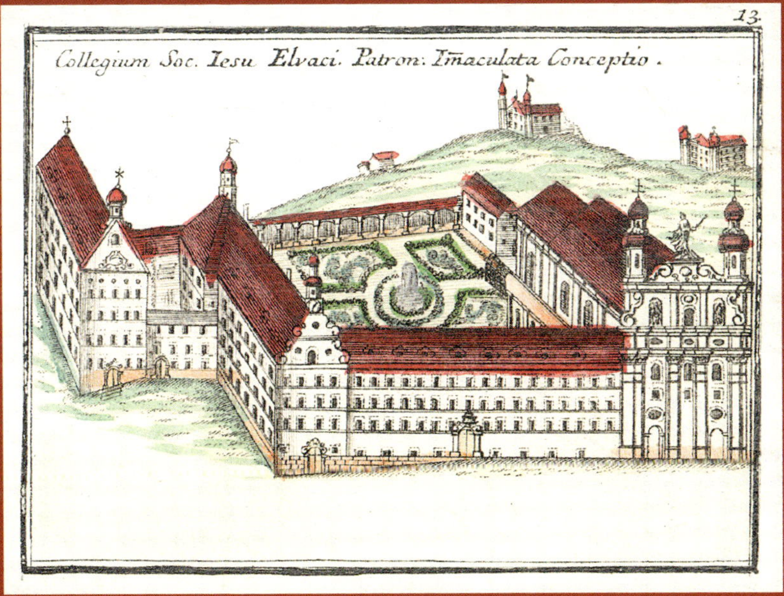

oben: Das ehemalige Jesuitenkolleg in Ellwangen. Das Gebäude wird heute als Landgericht genutzt.
unten: Das Jesuitenkolleg Maria-Immaculata in Ellwangen, Ansicht von Süden, Baubestand ab 1726, kolorierter Kupferstich von Gabriel Bodenehr d. Ä., zwischen 1734 und 1765.

Das Gnadenbild in der Kirche auf dem Schönenberg.

Die Wallfahrtskirche auf dem Schönenberg in Ellwangen mit dem Bußkreuz am Fuß des Berges. Der Bau der Kirche ist einem Versprechen zu verdanken, das Philipp Jeningen 1681 dem damaligen Fürstpropst Adelmann abnahm.

oben: In Ellwangen wirkte Philipp Jeningen von 1680 bis zu seinem Tod am 8. Februar 1704.
unten: Das Grab von Philipp Jeningen in der Liebfrauenkapelle der Ellwanger Basilika. Hier fand er am 8. Dezember 1953 seine endgültige Ruhestätte.

P. Philipp Jeningen SJ – Verehrung nach dem Tod

Hans Pfeifer

Der Jahresbericht, den die Ellwanger Jesuiten 1704 an ihren Ordensgeneral in Rom sandten, enthielt einen ausführlichen Nachruf auf ihren im Februar verstorbenen Mitbruder P. Philipp Jeningen. Darin wird besonders hervorgehoben: »Auch jetzt ist das Gedächtnis P. Philipps noch so lebhaft und frisch den Herzen vieler eingeprägt, dass sie sein Grab wie ein ewiges Denkmal seiner Tugenden aufsuchen.«

Bald nach seiner Beisetzung im Kreuzgang der Stiftskirche verbreitete sich die Auffassung, der gute Pater Philipp wirke wunderbare Gebetserhörungen. Viele empfahlen sich in ihren Anliegen von Anfang an seiner Fürbitte. Eine Frau aus Ellwangen war die erste, der nach der Überlieferung bereits im Jahre 1704 an seinem Grabe geholfen wurde. Viele erfuhren in der Folgezeit dort Hilfe in körperlichen und seelischen Leiden, so dass die Verehrung nicht abnahm. Von 1724 an verzeichneten die Jahresberichte immer wieder, dass P. Philipp Gebete auf wunderbare Weise erhört habe. Deswegen kam verständlicherweise auch der Wunsch auf, ihn zur Ehre der Altäre zu erheben.

Der Obere der Ellwanger Jesuitenniederlassung erhielt daraufhin 1726 vom Provinzial den Auftrag, authentische Zeugnisse über das Leben und die Gebetserhörungen P. Jeningens zu sammeln, um einen Seligsprechungsprozess in der rechten Weise einleiten und führen zu können. Dabei wurde er vom Fürstpropst, der Geistlichkeit und vielen Gläubigen eifrig unterstützt, so dass man im folgenden Jahr eine kurze Biografie in lateinischer Sprache nach Rom senden konnte. Die Ordensleitung bat jedoch den Provinzial, eine umfassendere Lebensbeschreibung verfassen zu lassen. Obwohl in Ellwangen daran gearbeitet wurde, ist die Biografie nicht im Druck erschienen. Zur Eröffnung eines Seligsprechungsprozesses ist es damals ebenfalls nicht gekommen. Seit 1728 erinnerte jedoch jedes Jahr am 8. Februar ein von Rom approbiertes »Elogium« (Lobrede) die Jesuiten an das gnadenvolle Leben ihres Mitbruders.

Erst 1763 veröffentlichte der Schriftsteller und Prediger der St. Michaelskirche in München, P. Josef Pergmayr SJ, eine lateinisch geschriebene Biografie P. Jeningens. Drei Jahre später erschien die von

P. Wilhelm Hausen SJ in deutscher Sprache verfasste Lebensbeschreibung, die ausdrücklich bezeugt, dass die Verehrung Philipp Jeningens im Ellwanger Gebiet fortdauere. Man nenne ihn einen »heiligen Mann« und besuche mit Vertrauen sein Grab. Mit diesem Büchlein trug Hausen viel dazu bei, den Ruf der Heiligkeit des guten Paters weiter zu verbreiten.

Seine Verehrung beschränkte sich jedoch nicht nur auf Ellwangen und Umgebung, sondern zeigte sich auch an Stätten seines früheren Aufenthaltes. So hielten Studenten in Ingolstadt, wo er einst eine Gruppe der Marianischen Kongregation geleitet hatte, das Andenken an Philipp Jeningen wach. Nach dem Jahresbericht der Jesuiten von 1735 schenkten die Kongregationsmitglieder des Kollegs den Externen ein Heiligenbildchen, das deshalb so geschätzt wurde, weil es Jeningen bis zum letzten Augenblick seines Lebens in Händen gehalten habe.

Der Geist der Aufklärung, der das 18. Jahrhundert beherrschte, stand Wundern und Heiligenverehrung bekanntlich ablehnend gegenüber. Zudem gab es seit der Aufhebung der Gesellschaft Jesu 1773 in Ellwangen keine Jesuiten mehr, die die Verehrung ihres Ordensbruders hätten fördern können. Die Ellwanger Niederlassung wurde auch nach der Wiederzulassung der Gesellschaft Jesu nicht mehr besetzt. Bei der Säkularisation 1802 wurde schließlich die Fürstpropstei Ellwangen dem Staat Württemberg einverleibt. Die Stuttgarter Behörden ließen den Kreuzgang der Stiftskirche bis 1842 schließen. Dadurch konnte das Grab Philipp Jeningens vier Jahrzehnte nicht mehr besucht werden. Die Welt, in der er gelebt und gewirkt hatte, hatte sich grundlegend verändert. Umso erstaunlicher ist es, dass trotz so widriger Umstände und während so langer Zeit die Erinnerung an P. Philipp erhalten geblieben ist.

Wie lebendig die Verehrung des Volksmissionars und Wallfahrtsseelsorgers in Ellwangen und Umgebung damals war, erweist die handschriftliche Lebensbeschreibung, die ein einfacher Mann aus dem Volke, der Maurermeister Josef Ottenwälder, um 1850 »in Nacht- und Feiertagsstunden geschrieben« hat. Da er in diesem unscheinbaren Büchlein die Volksüberlieferung über Philipp Jeningen gesammelt hat, ist es ein wertvolles Dokument für das im einfachen Volk nachwirkende Leben des Jesuitenpaters. Besonders verehrt haben Philipp Jeningen einige alte Ellwanger Familien, die bis heute Reliquien von ihm besitzen.

Um die Mitte des 19. Jahrhunderts förderte besonders der aus Stimpfach stammende Jesuitenpater Alois Piscalar (1817–1892) die Verehrung seines Mitbruders. Als Professor am Gymnasium in Ellwangen veröffentlichte er schon 1850 Aufsätze im »Stuttgarter katholischen Sonntagsblatt« und machte dadurch Philipp Jeningen in der ganzen Diözese bekannt. Einen wichtigen Beitrag dazu leistete auch seine 1859 gedruckte Jeningenbiografie. Im Jahre 1873 erschien eine überarbeitete Ausgabe der Lebensbeschreibung von Wilhelm Hausen.

Seit der Gründung der Pfarrei auf dem Schönenberg 1833, die ein Aufblühen der Wallfahrt bewirkte, und vor allem seit der großen Volksmission der bayerischen Redemptoristen 1850 besuchten immer mehr Pilger das Marienheiligtum und das Grab Philipp Jeningens. Seine Verehrung förderten auch die Ellwanger Stadtpfarrer, besonders der bekannte Prälat Franz Joseph Schwarz (1821–1885), der am Grabe ein Bild des Wallfahrtsseelsorgers anbringen und für die Besucher eine Kniebank aufstellen ließ.

Das Aufleben der Jeningenverehrung in der zweiten Hälfte des 19. Jahrhunderts führte schließlich zu den Vorarbeiten für den Seligsprechungsprozess, die 1901 mit dem bischöflichen Informationsprozess in Rottenburg begannen. Die in Fulda versammelten deutschen Bischöfe sandten 1920 eine Bittschrift um Eröffnung des Prozesses nach Rom. Die Kleriker des Dekanats Ellwangen bildeten einen Jeningenausschuss, der durch Wort und Schrift die Verehrung und Seligsprechung des Jesuitenpaters fördern sollte.

Anlässlich des 700-jährigen Weihejubiläums der Stiftskirche veranstaltete die Kirchengemeinde am 23. Juli 1933 auf dem Marktplatz eine Pater-Philipp-Jeningen-Kundgebung mit der Begründung, dass das Volk den Volksmissionar seit zwei Jahrhunderten nicht vergessen habe und sein Grab in der Stiftskirche zu einem »zweiten Heiligtum« geworden sei. In einer Festausgabe berichtete die »Ipf- und Jagstzeitung«: »Die alten Ellwanger bezeugen immer wieder, dass die Verehrung des ehrw. Paters Jeningen ständig im Steigen begriffen ist und zur Zeit ihren Höhepunkt erreicht hat. Bei der Schriftleitung des ›katholischen Sonntagsblatts‹ und beim Stadtpfarramt in Ellwangen werden immer mehr Gebetserhörungen gemeldet. Weit über Schwaben und Deutschland hinaus geht bereits sein Ruf.« Die Ankündigung der Kundgebung in den »kirchlichen Mitteilungen« schließt mit dem Wunsch: »Sehnsüchtig erhofft das ganze Schwabenland den Tag, an dem es in der Stiftskirche die Seligsprechung des großen Dieners Gottes festlich begehen darf.«

Zur Siebenhundertjahrfeier der Stiftskirche komponierte der Ellwanger Kirchenmusikdirektor Ignaz Birkle, nach dem Text des Pfarrers S. M. Saier aus Tomardingen, ein Philipp-Jeningen-Lied, das rasch eines der beliebtesten Kirchenlieder der Gemeinde wurde und heute noch gesungen wird.

Um die Gestaltung des Jeningen-Grabes bemühte sich besonders Stadtpfarrer Häfner (1882–1967), der 1936 den bekannten Ellwanger Künstler Karl Stirner beauftragte, ein neues Bild des Jesuitenpaters zu schaffen. Von ihm stammen auch die Bilder Jeningens in den Kirchen von Rosenberg (1935) und Ellenberg (1936). Die Weihe einer Philipp-Jeningen-Glocke am 23. Oktober 1934 in der Elisabethenkirche in Ulm sowie die Errichtung eines Philipp-Jeningen-Hauses in der Liebfrauengemeinde in Bad Canstatt zeigen, dass der Jesuitenpater in der ganzen Diözese verehrt wurde.

Aus Anlass des 300-jährigen Wallfahrtsjubiläums auf dem Schönenberg wurde 1938 Philipp Jeningen ein Metallbild aus der Goldschmiedekunstwerkstätte Fritz Möhler in Gmünd als Denkmal gesetzt. Der Bildhauer Hans Retzbach schuf 1943 für die Wallfahrtskirche eine große Gipsstatue des »guten Pater Philipp«.

In den dreißiger Jahren erschienen aus verschiedenen Anlässen zahlreiche Veröffentlichungen über Philipp Jeningen. Der Ellwanger Stadtpfarrer Paul Traub beschrieb 1930 in seinem von Karl Stirner reich illustrierten Bändchen »Gesegnetes Land« nicht nur die Heiligtümer der Stadt und auf dem Schönenberg, sondern auch das Wirken ihres verehrungswürdigen Förderers Philipp Jeningen. Traubs Nachfolger Otto Häfner gab 1934 zur Feier des 230. Todestages die Schrift »Der gute Pater Philipp« heraus. Im gleichen Jahr erschien die zweite Auflage des kurzen Lebensabrisses von Ferdinand Baumann: »Ein Apostel der Liebe. Der ehrwürdige Pater Philipp Jeningen«.

Begreiflicherweise suchte man die Erinnerung an den guten Pater Philipp durch Bilder immer wieder zu beleben. Anhand der damals bekannten Gemälde und Darstellungen entwarf Anton Höss 1938 eine Bild- und Charakterstudie, die er unter dem Titel »Das Bildnis Pater Philipp Jeningens« veröffentlichte. Drei Jahre später erschien die zweite Auflage seiner bis dahin umfassendsten, gründlich nach den Quellen erarbeiteten Lebensbeschreibung »P. Philipp Jeningen S.J. – Ein Volksmissionär und Mystiker des 17. Jahrhunderts«. Zu Hunderttausenden zählte nun die Auflagenziffer der über Philipp Jeningen veröffentlichten Schriften.

Eine frohe Botschaft für alle Jeningenverehrer kam im Oktober 1953 von Rom nach Ellwangen. Die Gebeine des P. Philipp Jeningen durften erhoben werden. Am 19. November 1953 wurde in Anwesenheit von Bischof Leiprecht, von Geistlichen des Kapitels und Vertretern der Ordensniederlassungen sowie des Kirchenstiftungsrates das Grab geöffnet und ein gut erhaltenes Skelett gefunden, das Ärzte in den folgenden Tagen untersuchten und eingehend prüften. Dann wurden die Gebeine in einem Zinnsarg geborgen. Die Urkunde über die Bergung legte man in den Sarg, der verlötet, versiegelt und in einen weißen Holzsarg eingeschlossen wurde. Am Abend des 7. Dezember begleitete eine Lichterprozession den auf einem schön geschmückten Wagen stehenden Sarg auf den Schönenberg. Vom Bußkreuz am Fuße des Berges trugen ihn sechs Männer auf dem Weg hinauf, den Philipp Jeningen als Wallfahrtsseelsorger so oft gegangen war. Oben hörten dann Tausende von Gläubigen die ergreifende Predigt des Jesuitenpaters Martin Manuwald, der sich viele Jahre um den Seligsprechungsprozess bemüht hatte. Danach wurden vor dem ausgesetzten Allerheiligsten bis zum nächsten Morgen Betstunden gehalten. Am Sarg im Chor der Schönenbergkirche hielten Jugendliche die Ehrenwache. Am folgenden Tag, dem Fest der Unbefleckten Empfängnis Marias, geleiteten die Gläubigen mit dem Bischof den Sarg zurück in die Stiftskirche und setzten ihn in einem neuen Grab vor dem Altar der Liebfrauenkapelle bei. Obwohl die Erhebung der Gebeine ein wichtiger Schritt zur Seligsprechung war, erwartete in Ellwangen niemand, dass sie unmittelbar bevorstehe.

Mit feierlichen Gottesdiensten und Lichtbildervorträgen gedachte man im folgenden Jahr des 250. Todestages von Philipp Jeningen. In den »kirchlichen Mitteilungen« konnte man lesen: »P. Philipp Jeningen wird nicht nur bei uns verehrt und angerufen, sondern in aller Welt. Der ›Jeningenbund‹ hat diesbezügliche Briefe erhalten schon von Österreich, Schweiz, England, Frankreich, Italien, Vereinigten Staaten, Kanada, Brasilien, Südafrika, Mittelafrika und China.« Im Wortlaut wird der Brief einer deutschen Frau in den USA angefügt, die von mehreren Gebetserhörungen in schweren familiären Situationen berichtet.

Im Jahre 1992 jährte sich zum 350. Male der Geburtstag Philipp Jeningens. Aus diesem Anlass erhielt der Platz vor dem Jeningenheim den offiziellen Namen »Philipp-Jeningen-Platz«. Gleichzeitig wurde ein von Sieger Köder geschaffenes Bronzerelief des Paters enthüllt. Neben Vertretern der Diözesen Eichstätt und Rottenburg-Stuttgart nahmen an diesem Festakt auch Mitglieder des Jesuitenordens teil. Im Oktober machten 600 Gläubige aus Ellwangen eine Philipp-Jeningen-Wallfahrt zu seinem Geburtsort, bei der auch die Bischöfe von Eichstätt und Rottenburg mitwirkten. Den Spuren Philipp Jeningens – im geografischen und theologischen Sinn – folgten in diesem Jubiläumsjahr Jugendliche und junge Erwachsene in einer fünftägigen Fußwallfahrt von Eichstätt nach Ellwangen. Daraus entstand die »Action Spurensuche«, die seither diese Wallfahrt jedes Jahr macht und sich dabei mit dem Leben Jeningens, aber auch mit aktuellen religiösen Fragen befasst.

Wie lebendig die Verehrung Philipp Jeningens in der katholischen Kirchengemeinde ist, zeigen zwei Veranstaltungen, die seit vielen Jahren regelmäßig stattfinden. Am 8. Februar erinnert ein Festgottesdienst in der Basilika an seinen Todestag. Dazu kommen Jesuiten der Oberdeutschen Provinz nach Ellwangen, um die Festpredigt zu halten. Im Oktober findet eine Dekanatswallfahrt zum Grabe Philipp Jeningens statt. Die Gedenkgottesdienste beider Veranstaltungen sind immer sehr gut besucht.

Literaturverzeichnis

Zusammengestellt von Julius Oswald SJ

Alle Dokumente zu Leben und Werk von Philipp Jeningen SJ wurden 1936 für die Seligsprechung gesammelt und im Originaltext und einer lateinischen Übersetzung in Rom gedruckt. Ein Band dieser wichtigen Quellensammlung befindet sich im Archivum Monacense Societatis Jesu, München: Sammlung Philipp Jeningen.

Cäcilie ALLMENDINGER-HOECHSTETTER, Der Marienpater. Ein Roman um den Philipp Jeningen, Neu-Ulm ^{4}1966.

Johannes ALT, Philipp Jeningen-Messe. Eine deutsche Singmesse, Ellwangen/Jagst 1935.

Ferdinand BAUMANN SJ, Ein Apostel der Liebe. Der ehrwürdige Pater Philipp Jenigen S.J., Ellwangen/Jagst ^{2}1934.

Ferdinand BAUMANN SJ (Hrsg./Übers.), Briefe des ehrwürdigen P. Philipp Jeningen S.J. In: Rottenburger Monatsschrift für praktische Theologie 15(1931/32) 97–103, 129–135, 225–232, 257–266; 16(1932/33) 1–5; 17(1933/34) 78–81, 97–102, 161–166.

Günter BEAUGRAND (Hrsg.), Die neuen Heiligen. Große Christen auf dem Weg zur Heilig- oder Seligsprechung, Augsburg 1991, 119–127.

Gabriele DISCHINGER, Fr. Heinrich Mayer SJ: Director fabricae in monte venusto. Ein Beitrag zum Bau der Kirche auf dem Schönenberg. In: Hans PFEIFER (Hrsg.), Wallfahrt Schönenberg 1638–1988. Festschrift zum 350jährigen Jubiläum, Ellwangen/Jagst 1988, 111–128.

Hans DÜNNINGER, Unsere Liebe Frau vom Schönenberg bei Ellwangen und Notre Dame de Foy. In: Viktor BURR (Hrsg.), Ellwangen 764–1964. Beiträge und Untersuchungen zur Zwölfhundertjahrfeier, 2 Bde., Ellwangen/ Jagst 1964, Bd. 2, 833–840.

Bernhard DUHR, Geschichte der Jesuiten in den Ländern deutscher Zunge, 4 Bde., Freiburg/Br. 1907–1928, Bd. 3, 680–682.

Der ehrwürdige P. Philipp Jeningen aus der Gesellschaft Jesu, Apostel des Rieses. Kurze Lebensbeschreibung mit einigen Gebeten, auch für die Wallfahrt auf den Schönenberg, von einem Priester der Diözese Rottenburg, Ellwangen/Jagst 1908.

Lorenz GADIENT - Rita HAUB, »Der gute Pater Philipp« – Pater Philipp Jeningen SJ (1642–1704). Lebensbild und Andacht, Eichstätt 2004.

Hans GRÜNEWALD SJ, Philippe Jeningen. In: Marcel VILLER SJ (Hrsg.), Dictionnaire de spiritualité ascétique et mystique doctrine et histoire, 15 Bde., Paris 1937–1995, Bd. 8, 873f.

Hans GRÜNEWALD SJ, Philipp Jeningen SJ. In: An unsere Freunde. Informationen der Süddeutschen Jesuiten 54(2003) Heft 2, 10f.

Élesban de GUILHERMY, Ménologie de la Compagnie de Jésus. Assistance de Germanie, 2 Bde, Paris 1898, Bd. 1, 130f.

Otto HÄFNER, Der gute Pater Philipp. Ein Lebensbild des ehrwürdigen Paters Philipp Jeningen S.J., Ellwangen 1933; 1962.

Eugen HAFNER, »Nicht öffnen, bevor der Zug hält«. Grundständiges Latein zog Aalener und andere Ambulanten an. In: PEUTINGER-GYMNASIUM ELLWANGEN (Hrsg.), 325 Jahre Gymnasium in Ellwangen. Von der Jesuitenschule zum Peutingergymnasium, Ellwangen/Jagst 1983, 57–62, hier 59.

Wilhelm HAUSEN SJ, Leben und Tugenden des apostolischen Dieners Gottes Philipp Jeningen aus der Gesellschaft Jesu, Regensburg 1873.

Patriz HAUSER, Philipp Jeningen. Ein Jesuit, wie er im Buche steht, Ostfildern 1995.

Konrad HELD, Missionar und Mystiker aus Eichstätt. Seligsprechungsprozeß für Pater Philipp Jeningen in entscheidender Phase. In: Historische Blätter für Stadt und Landkreis Eichstätt 39(1990), 1, S. 4; 2, S. 3–4.

Anna HILS, Das Bilderbüchlein vom guten Pater Philipp, Ellwangen/Jagst 1936.

Anna HILS, Philipp der Gottesmann. Ein Pater-Jeningen-Spiel in 6 Bildern mit einem Vor- und Nachspiel (Schwabenverlag-Bühne; 3), Ellwangen/Jagst ca. 1938.

Johannes Maria HÖCHT, Philipp Jeningen S.J. Der deutsche Volksmissionar und Mystiker des 17. Jahrhunderts. In: DERS., Träger der Wundmale Christi. Eine Geschichte der bedeutendsten Stigmatisierten von Franziskus bis zur Gegenwart, 2 Bde., Wiesbaden 1951–1952, Bd. 2, 65–67.

Anton HÖSS SJ, Das Bildnis Pater Philipp Jeningens. Eine Bild- und Charakterstudie, Ellwangen/Jagst 1938.

Anton HÖSS SJ (Übers.), Geistliche Briefe P.Philipp Jeningens. Unveröffentlichtes Manuskript, Archivum Monacense Societatis Iesu, München: Sammlung Jeningen.

Anton HÖSS SJ, Neun Tage der Andacht mit P. Philipp Jeningen S.J. einem Apostel des heiligsten Herzens Jesu und der allerseligsten Jungfrau Maria (Schule des inneren Lebens; Bd. 2), München 1923.

Anton HÖSS SJ, P. Philipp Jeningen S.J. Ein Volksmissionär und Mystiker des 17. Jahrhunderts. Freiburg/Br. 1924; Ellwangen/Jagst 1939; 1948.

Anton HÖSS SJ (Übers.), Die Tagebücher P. Philipp Jeningens S.J., Ellwangen/Jagst 1952.

Hermann HOFFMANN (Pseud. XYZ), Philipp Jeningens Missionssehnsucht . In: Theologische Quartalschrift 111(1930) 349–373.

JENINGENBUND (Hrsg.), Pater Philipp Jeningen hilft! Tatsachen und Berichte, Ellwangen/Jagst. o. J.

Karl KAH SJ, P. Philipp Jeningen. In: An unsere Freunde. Nachrichten der Oberdeutschen Provinz der Gesellschaft Jesu 5(1954)Heft 2, 2–5.

Karl KAH SJ, Pater Philipp Jeningen S.J. Ein Marienapostel für unsere Zeit, Ellwangen/Jagst 1953.

Lothar KÖNIG SJ, P. Philipp Jeningen S.J. Ein deutscher Volksmann und Priester. Lebensbild mit Novene, Dülmen 1936.

Richard LANG, Die Stuckmarmor- und Scagliolaarbeiten der Wallfahrtskirche auf dem Schönenberg. Ein Beitrag zur Baugeschichte nach neuen Quellen bearbeitet. In: Viktor BURR (Hrsg.), Ellwangen 764–1964. Beiträge und Untersuchungen zur Zwölfhundertjahrfeier, 2 Bde., Ellwangen/Jagst 1964, Bd. 2, 841– 867.

Adolf LAYER, Benediktinisches Erbe im schwäbischen Donautal. Das ehemalige Klosterdorf Echenbrunn, Gundelfingen 1980, 38–44.

Felix von LÖWENSTEIN SJ, Philipp Jeningen S.J. 1642–1704, Ellwangen 1983.

Ludwig MANGOLD, Die Schönenbergkirche. Baugeschichte und Führung. In: Hans PFEIFER (Hrsg.), Wallfahrt Schönenberg 1638–1988. Festschrift zum 350jährigen Jubiläum, Ellwangen/Jagst 1988, 93–110.

Novene zu Ehren des Dieners Gottes P. Philipp Jeningen (Soc. Jesu). Nur zur Privatandacht, Ellwangen/Jagst 1921.

Georg OTT, Die Wallfahrtsgeschichte auf dem Schönenberg bei Ellwangen von ihrer Entstehung bis zum Dritten Reich. In: Hans PFEIFER (Hrsg.), Wallfahrt Schönenberg 1638–1988. Festschrift zum 350jährigen Jubiläum, Ellwangen/Jagst 1988, 13–51.

Joseph PERGMAYR SJ, Vita venerabilis servi Dei P. Philippi Jeningen, Societatis Jesu Sacerdotis et Apostolici per Rhoetiam Missionarii, Ingolstadt 1763.

Hans PFEIFER, Ignatius Desiderius von Peutingen (1641–1718). In: PEUTINGER-GYMNASIUM ELLWANGEN (Hrsg.), 325 Jahre Gymnasium in Ellwangen. Von der Jesuitenschule zum Peutingergymnasium, Ellwangen/Jagst 1983, 81–89.

Hans PFEIFER, Johann Christoph Adelmann Fürstpropst von Ellwangen 1674–1687. In: DERS. (Hrsg.), Wallfahrt Schönenberg 1638–1988. Festschrift zum 350jährigen Jubiläum, Ellwangen/Jagst 1988, 83–92.

Hans PFEIFER, Das Theater am Jesuitengymnasium in Ellwangen. In: Viktor BURR (Hrsg.), Ellwangen 764–1964. Beiträge und Untersuchungen zur Zwölfhundertjahrfeier, 2 Bde., Ellwangen/Jagst 1964, Bd. 1, 534–582.

Aloys PISCALAR SJ, Aus dem Leben des ehrwürdigen Philipp Jeningen, Priester der Gesellschaft Jesu, Paderborn 1859.

Max SCHERMANN, Geschichte des Gymnasiums zu Ellwangen a. d. Jagst (1460–1802), Stuttgart 1920.

Burkhart SCHNEIDER SJ, Die Jesuiten in Ellwangen 1557–1773. In: Viktor BURR (Hrsg.), Ellwangen 764–1964. Beiträge und Untersuchungen zur Zwölfhundertjahrfeier, 2 Bde., Ellwangen/Jagst 1964, Bd. 1, 245–315.

Klemens STOCK SJ, P. Philipp Jeningen S.J. 1642 bis 1704. In: Hans PFEIFER (Hrsg.), Wallfahrt Schönenberg 1638–1988. Festschrift zum 350jährigen Jubiläum, Ellwangen/Jagst 1988, 60–82.

Günther SWITEK SJ, Philipp Jeningen. In: Remigius BÄUMER/Leo SCHEFFCZYK (Hrsg.) Marienlexikon, 6 Bde., St. Ottilien 1988–1994, Bd. 3, 362.

Heinrich THOELEN SJ, Menologium. Lebensbilder aus der Geschichte der deutschen Ordensprovinz der Gesellschaft Jesu, Roermond 1901, 91–94.

Hermann TÜCHLE, Reformation und Gegenreformation in der Fürstpropstei Ellwangen. In: Viktor BURR (Hrsg.), Ellwangen 764–1964. Beiträge und Untersuchungen zur Zwölfhundertjahrfeier, 2 Bde., Ellwangen/Jagst, Bd. 1, 225–244.

Joseph ZELLER, Stiftsdekan von Peutingen (1641–1718). Zur 200. Wiederkehr seines Todestags. In: Ellwanger Jahrbuch 6(1917–1919)106–117.

Bildnachweis

Archivum Monacense SJ:

Faksimile S. 76f: AMSJ, M I 43, Nr. 2.

Faksimile S. 80: AMSJ, M I 43, Nr. 6.

Kollegienbilder von Gabriel Bodenehr d. Ä. (1673–1765), Societatis Jesu Provinciae Germaniae Superioris in sua Collegia distributae, Augsburg [1734–1765].

S. 82, unten: Jesuitenkolleg Schutzengel, Eichstätt

S. 84, unten: Jesuitenkolleg Heilig-Kreuz, Landsberg am Lech

S. 88, unten: Jesuitenkolleg St. Magdalena, Altötting

S. 90, unten: Jesuitenkolleg Maria-Himmelfahrt, Dillingen

S. 93, unten: Jesuitenkolleg Maria-Immaculata, Ellwangen/Jagst

Fürstlich Oettingen-Wallersteinsches Archiv Harburg:

Faksimile S. 71ff: Archivalia personalia, Notger Wilhelm Nr. 53.

Sieger Köder:

Pater Philipp errichtet ein Kreuz im Wald von Rosenberg (vordere Umschlagklappe).

Andreas Schaller

Fotos S. 81 bis 96.

Hintere Umschlagklappe innen:

Landkarte aus: Anton Höss SJ, P. Philipp Jeningen S.J. Ein Volksmissionär und Mystiker des 17. Jahrhunderts. Freiburg/Br. 1924; Ellwangen/Jagst.